Zur Erinnerung an Pbergnennen......
Das war sehr schön dich (auch) kennenzulernen...
Viele Grüßen . Eric.
08/06/2017.

Sandra,

Zur Erinnerung an Plouguerneau in der Bretagne.

Ich freue mich sehr, zu mir zu kommen, mit dich gesehen.

Du kannst immer zu dieser hier zurück kommen, vielleicht im Sommer.

Du hast blaue Augen, wie nie den Verstand verloren.

Das ist eben so, nun ja, da kann man nichts machen.

Ich werde nur an dich

Bleib gesund und sei glücklich. Bis sehr bald

Gace

Bretagne

COLLECTION *Partance*

BRETAGNE

JEAN MARKALE
JACQUES GUILLARD / JEAN-DANIEL SUDRES
AGENCE SCOPE

Hermé

Lorsque, venant de Paris, et après avoir franchi les plaines de la Beauce et les bocages du Maine, le voyageur passe la « frontière » de Bretagne, il s'aperçoit bien vite que les choses ne sont plus tout à fait les mêmes. Illusion ou réalité ? Cette « frontière » n'est pourtant ni précise ni marquée sur le sol : il semblerait au contraire, et à première vue, qu'il y ait une continuité : on traverse des zones intermédiaires, un peu comme certains héros de légende, quand ils quittent les paysages humains pour pénétrer dans ce qu'on appelle l'« autre monde », ces domaines mystérieux où brillent les feux d'un soleil qui n'éclaire pas la face du monde. Julien Gracq, dans son récit intitulé *La Presqu'île,* a décrit de belle façon cette intrusion lente et envoûtante dans une Bretagne intemporelle à partir des vallées calmes et paisibles de l'Anjou. Mais cela, c'est pour le sud de la Bretagne, près de la Loire, ce fleuve qui jaillit du cœur de la France et qui s'évase et s'épanouit, entre ses bancs de sable, vers un océan toujours plus lointain, inaccessible comme l'est l'île d'Avallon, celle où le roi Arthur est en dormition, en attendant le jour où une main, en caressant son front, le réveillera et lui indiquera le chemin d'une vie nouvelle et plus que jamais ruisselante de soleil. Vers le nord, alors que le Mont-Saint-Michel surgit de la brume évoquant la trouble bataille qui oppose l'archange de lumière au dragon des ténèbres, la route, jusqu'alors toute droite, se met à sinuer à travers des blocs de granit qui semblent tombés d'une autre planète. Étrange pays...

Le nord de la Bretagne, cette langue de terre arrachée à la mer, et dont les marais de Dol témoignent encore de la fragilité, nul mieux que Chateaubriand, lui-même enfant de la péninsule armoricaine, n'en a senti et exprimé l'essence profonde. Il a décrit ce pays entre ciel et terre avec le sentiment d'appartenir à un peuple marginal vivant dans une région qui n'a rien de commun avec ce qui l'entoure : « La Bretagne, jusqu'alors peu connue dans notre histoire, formait à l'extrémité occidentale de la France un État différent du reste du royaume par le génie, les mœurs et la langue d'une partie de ses habitants. »

Aujourd'hui encore, malgré le temps qui s'est écoulé depuis que Chateaubriand a *revécu* cette ancienne Armorique, cette description reste valable et actuelle : « Cette longue presqu'île, d'un aspect sauvage, a quelque chose de singulier : dans ses étroites vallées, des rivières non navigables baignent des donjons en ruine, de vieilles abbayes, des huttes couvertes de chaume où les troupeaux vivent pêle-mêle avec des pâtres. » Pourtant, la Bretagne est aujourd'hui la première région agricole de toute la Communauté européenne, la région où le modernisme se fait le plus sentir. Mais la vieille Bretagne, celle de Chateaubriand et des anciens bardes, ces poètes chevelus du temps jadis qui la chantaient, est encore présente, et elle saisit à la gorge le voyageur dès qu'il passe la « frontière ».

Il y a là une sorte de miracle. Cette « frontière », c'est celle de l'ancien duché de Bretagne, l'une des plus anciennes terres d'Europe. Le duché de Bretagne n'a fait que recouvrir un ancien royaume lui-même issu de la réunion de petits royaumes bien antérieurs au règne de Clovis. Et cela fait que la Bretagne a constitué pendant longtemps un État souverain complètement à l'écart du royaume de France et incontestablement en dehors de lui.

A la fin du XVe siècle, lorsque le roi Charles VIII a voulu s'emparer du duché de Bretagne, ses conseillers et ses légistes l'ont mis solennellement en garde : une annexion eût été illégale parce que la Bretagne n'était pas un fief de la couronne française, résultat d'un démembrement du pouvoir royal. La Bretagne était un État, au sens moderne du mot, avant que la royauté mérovingienne ne construisît la France sur les débris de l'Empire romain de l'extrême Occident. Le miracle, c'est que la Bretagne, écartelée entre la France et l'Angleterre pendant tant de siècles, ait maintenu son visage aussi longtemps,

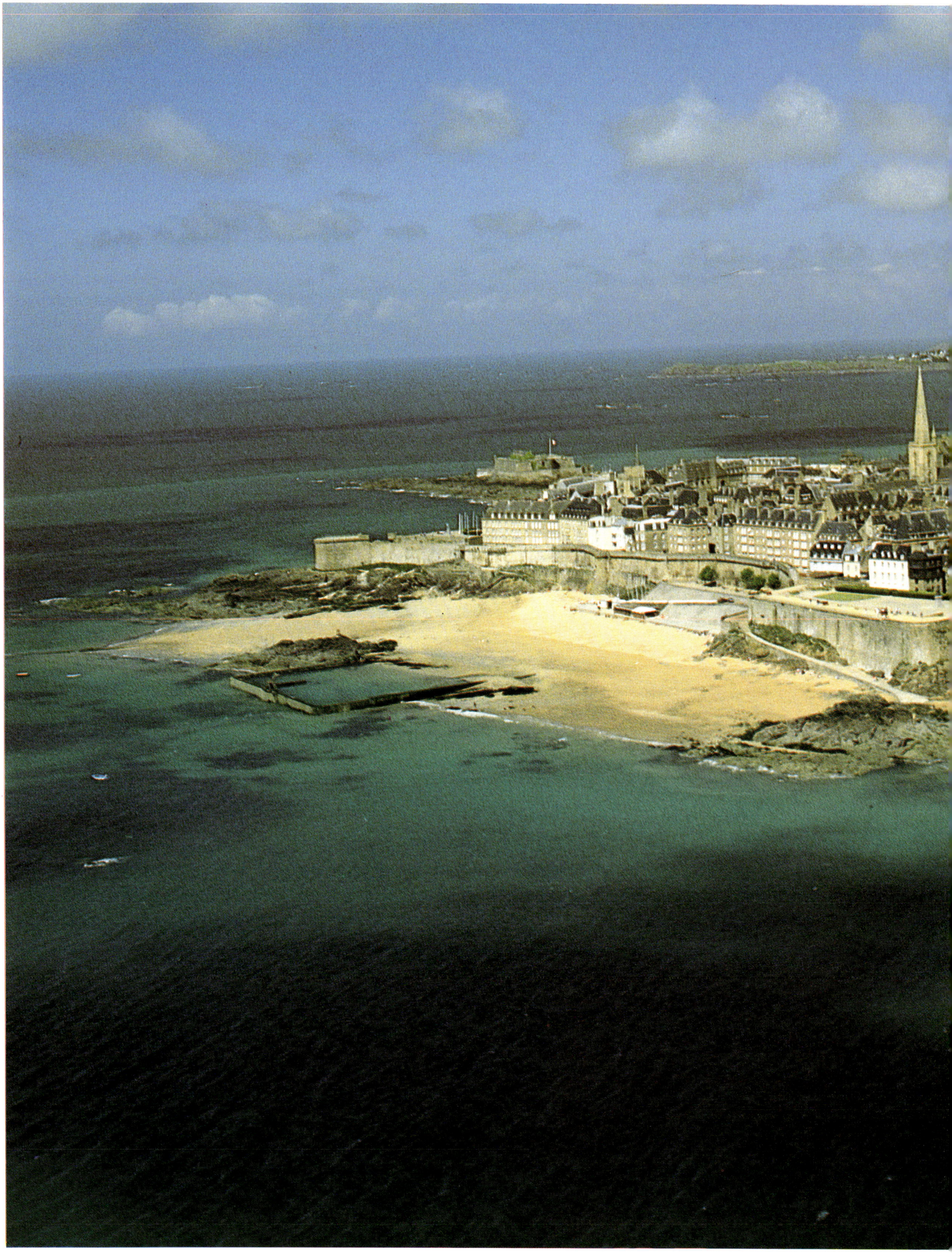

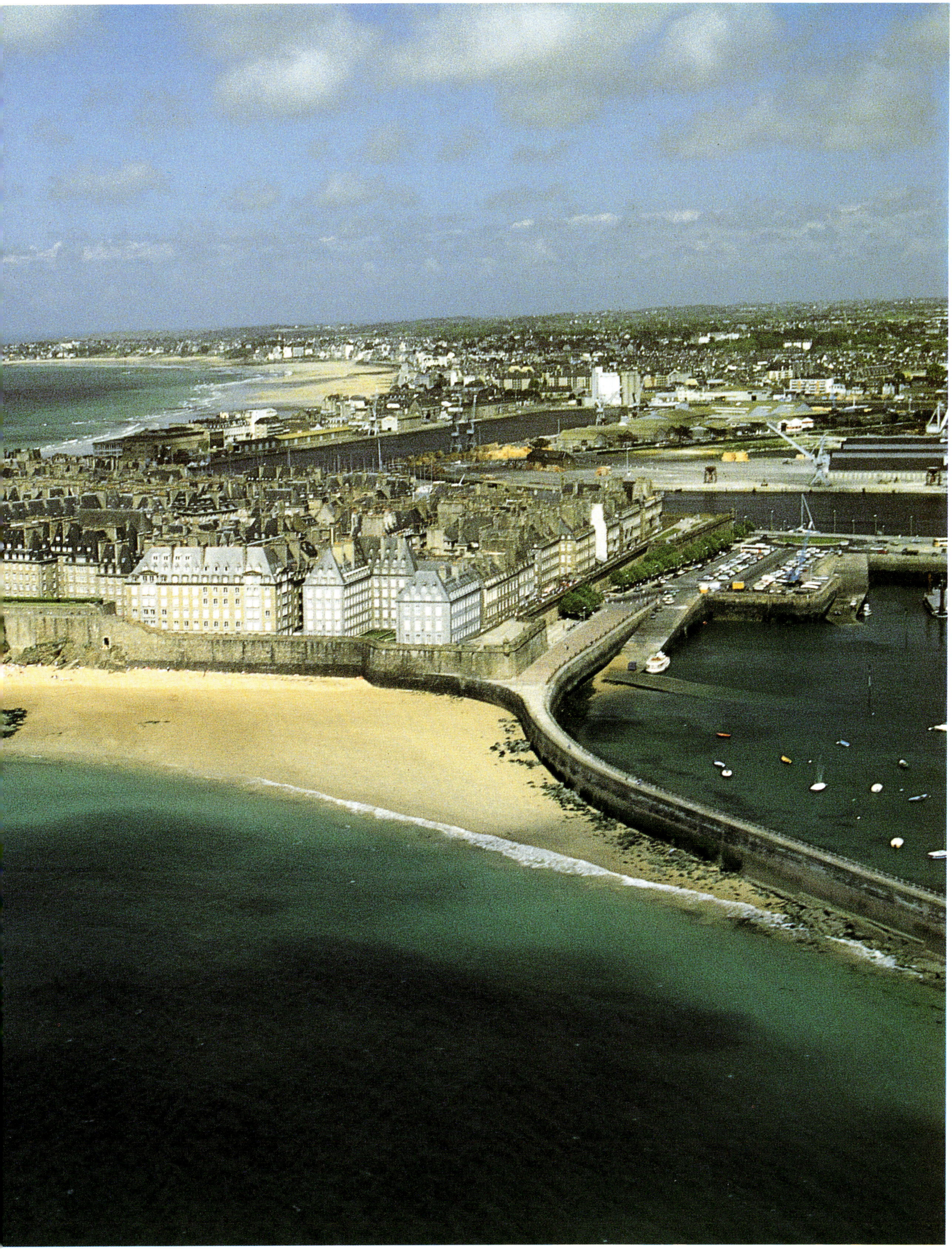

2. Saint-Malo. Les remparts et les maisons des riches armateurs malouins.

2. Saint-Malo. The ramparts and homes of rich shipbuilders.

◀ 1. Vue aérienne de Saint-Malo.

◀ 1. Aerial view of Saint-Malo.

3. Saint-Servan. La tour Solidor qui commandait l'entrée de la Rance.

3. Saint-Servan. The Solidor tower which guards the entrance to the Rance.

jusqu'en 1532, date à laquelle la Bretagne et la France ont été réunies, en tant qu'États libres et souverains, sous la même couronne. Cela, c'est l'Histoire. Et comment s'étonner si d'une façon ou d'une autre, l'Histoire a modelé un pays. La Bretagne est peut-être française, mais elle n'est pas la France. Il y a une nuance.

Certes, on sait maintenant que les pierres « druidiques » sont en réalité des monuments mégalithiques, antérieurs de quelque deux mille ans aux druides ; on sait que les bruyères qui excitaient l'imagination de Chateaubriand sont recouvertes de bois de pin, on sait que les vaches ne sont plus maigres parce qu'on pratique de plus en plus l'élevage « hors sol », mais le paysage reste cependant conforme à l'image traditionnelle qu'on s'en fait à travers les écrits de Chateaubriand. On a beau dire et beau faire, on a beau savoir que les druidesses n'ont jamais existé, rien ne peut effacer de notre imaginaire la silhouette de Velléda, rôdant comme une ombre solitaire à travers les bruyères et les rochers d'une péninsule qui ne s'appelait pas encore la Bretagne, mais simplement l'Armorique.

Car la Bretagne n'est ainsi nommée que depuis le VIe siècle de notre ère, lorsque la péninsule fut occupée et mise en valeur par des immigrants venus de *l'île de Bretagne,* c'est-à-dire de la Grande-Bretagne, d'où ils s'enfuyaient, traqués par les envahisseurs anglo-saxons. Ce sont les Bretons insulaires qui ont donné à la péninsule armoricaine son nom actuel, ses coutumes particulières, son mode de vie et la langue de la moitié de ses habitants. C'est ainsi que, pendant tout le Moyen Age, on a cité la « Petite-Bretagne » à côté de la Grande-Bretagne, allant même jusqu'à y intégrer toutes les légendes insulaires sur le roi Arthur et les chevaliers de la Table ronde, comme s'il n'y avait qu'une seule Bretagne, en deux parties, séparées par la Manche, qui s'appelait « mer Bretonne » pendant l'Antiquité, et qui n'a jamais démérité de son nom d'origine.

C'est donc un pays complexe que la Bretagne, telle qu'elle se présente à nos yeux aujourd'hui, un pays de contraste et de disparités. A première vue, il ne semble pas y avoir de point commun entre la pointe du Raz, à l'extrémité occidentale de la péninsule, et la vallée verdoyante où serpente paresseusement le Couesnon, à la limite extrême de la Normandie. Et quant à la ville de Brest, avec son port militaire, ses immeubles reconstruits depuis la dernière guerre et son ouverture sur le grand vent du large, qu'a-t-elle de commun avec Nantes, enfouie au fond de l'estuaire d'un grand fleuve, capitale d'un hypothétique « pays de Loire » ? Pourtant, Nantes est l'une des plus anciennes cités de l'Armorique, et elle a été la capitale du duché de Bretagne, au temps de sa splendeur, avant de devenir la plaque tournante du trafic du « bois d'ébène », autrement dit des esclaves.

A vrai dire, la Bretagne est un pays multiple. Au premier abord, on peut la diviser en deux régions, la Haute et la Basse-Bretagne. La Haute-Bretagne, qu'on appelle également « pays Gallo », c'est la partie orientale de la péninsule, celle où les habitants parlent le français et le dialecte roman désigné sous le nom de « gallo ». La Basse-Bretagne, c'est la partie occidentale, à partir d'une ligne qui va de Paimpol à Vannes en passant par Mur-de-Bretagne : là, concurremment au français, on parle la langue bretonne, celle-ci étant divisée en quatre dialectes, trégorois, léonard, cornouaillais et vannetais. Mais pour être précis, il faudrait ajouter qu'une partie de la Haute-Bretagne, à l'ouest d'une ligne allant du Mont-Saint-Michel à Donges en passant par Montfort-sur-Meu, a parlé cette langue bretonne jusqu'au XIIe siècle, et que la toponymie de cette région en a conservé de nombreuses traces. Tout cela tient au fait que l'immigration bretonne insulaire a été plus importante dans l'ouest de la péninsule, et aussi plus ancienne : et, peu à peu, les Bretons ont gagné du terrain vers l'est, se fondant dans des populations francophones, ce qui a provoqué un affaiblissement de la langue bretonne, surtout lorsque Rennes et Nantes, qui sont de vieilles cités gallo-romaines, sont devenues les principales villes de la Bretagne.

Mais ce découpage linguistique de la Bretagne n'est pas le seul que l'on puisse faire. Il y a aussi une distinction très nette entre ce que l'on appelle l'Armor et l'Arcoat.

L'Armor (en breton, *ar mor*, signifie « la mer »), c'est la côte, prodigieusement variée sur quelque 2 500 kilomètres. Au nord, d'ouest en est, on peut distinguer trois plateaux rocheux : le Léon, le Trégor et le Penthièvre, d'une altitude comprise entre 80 et 130 mètres, ce qui donne un littoral escarpé, coupé de gorges profondes, les fameux *abers*, analogues aux fjords norvégiens et aux rias espagnoles, dans lesquels la mer remonte assez loin et qui sont les estuaires de quelques petits fleuves côtiers. Au sud, les hauteurs sont moindres, les falaises bordant la mer ne dépassant jamais 40 mètres. Cependant, une partie du plateau de Cornouaille est encore très impressionnante, en particulier dans les environs de la pointe du Raz. Mais en allant vers l'est, la côte devient de plus en plus basse : le golfe du Morbihan, véritable petite mer intérieure (en breton, *Mor Bihan* signifie « petite mer », était autrefois un marécage, mais complètement séparé de la mer. Ce littoral bas et quelque peu laguneux a laissé des vestiges en plein large, des îles comme Sein, Groix, Belle-Ile, Houat et Hoëdic, résultat d'une nette invasion de l'océan. Et c'est cette variété de paysages littoraux qui donne à la Bretagne cet aspect si particulier de terre instable, en lutte perpétuelle contre les flots de la mer : la légende de la ville d'Is, engloutie par un raz de marée, est bien caractéristique de cet Armor sans cesse battu des vagues et des vents.

L'Arcoat, c'est l'intérieur de la péninsule. En breton, *ar koad* signifie « la forêt ». C'est le souvenir du temps où, à l'aube de l'ère chrétienne, l'ensemble de la péninsule était recouvert d'une épaisse forêt de feuillus, où dominaient les chênes et les hêtres. L'occupation des sols et les continuels défrichements ont fait disparaître la plus grande partie de cette forêt, mais il en reste quelques beaux massifs, comme celui de Paimpont, la fameuse Brocéliande des légendes, celui de Fougères, celui de Quénécan, de Lanouée, de Huelgoat ou de Camors. Mais ailleurs, c'est une succession de vallées et de vertes prairies, de plateaux plus dénudés et réservés aux cultures, et aussi de landes, ces étendues de terres presque stériles où ne pousse que l'ajonc, et que l'on a maintenant plantées de pins. L'Arcoat, c'est un pays plus secret, moins connu, et qui a conservé le charme désuet des grands espaces où l'on peut rêver sans contrainte. Bien sûr, le paysage n'est pas ce qu'il était autrefois : les remembrements ont fait disparaître bon nombre de ces haies et de ces chemins creux qui constituaient l'image la plus caractéristique de la Bretagne intérieure. Les progrès techniques dans l'agriculture ont obligé les Bretons à remodeler leur paysage. C'est peut-être regrettable pour ceux qui considèrent avant tout la Bretagne comme un pays de détente et de rêve, pour les amoureux sincères de cet étrange pays. Mais la vie a des exigences, et il ne faut pas oublier que la Bretagne est une région parmi les plus peuplées de la France. Il reste heureusement beaucoup d'endroits, dans toute la péninsule, où l'on peut encore reconnaître la vieille Bretagne des légendes.

Il y a en effet, dans chaque région de la Bretagne, une tradition qui demeure très forte, une spécificité qui surprend le voyageur, une atmosphère, une couleur de la terre et du ciel, un contact avec la nature qui n'est pas ordinaire. Et tout cela contribue à faire de la Bretagne un pays à part. Oui, c'est vrai, quand on passe la « frontière », rien n'est plus tout à fait la même chose...

Ce sont d'abord les noms de lieux. Les pancartes qui jaillissent maintenant à chaque carrefour nous renseignent abondamment sur une toponymie bien spéciale, surtout quand

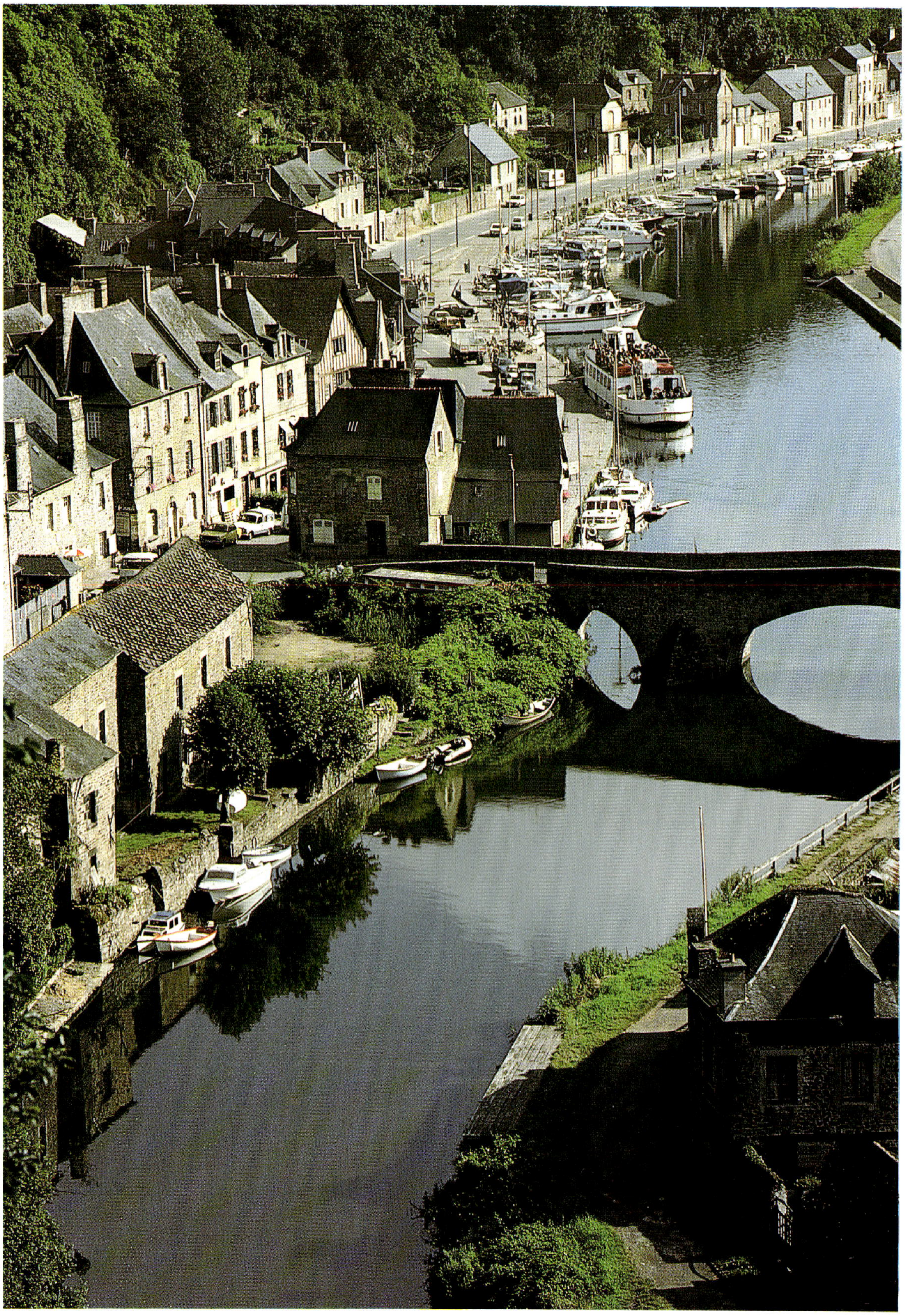

5. Cancale. Port de pêche réputé pour ses huîtres.

5. Cancale. Fishing port known for its oysters.

◀ 4. Dinan. Les bords de la Rance et le pont gothique.

◀ 4. Dinan. The banks of the Rance and the Gothic bridge.

6. *La plage de Saint-Cast-le-Guildo.*
6. *The beach of Saint-Cast-le-Guildo.*

7. *Fort de la Latte (XIIIᵉ et XIVᵉ s.).*
7. *Fort Latte (XIII and XIV centuries).*

on s'avance plus à l'ouest. Cette toponymie est en effet double : française dans la partie orientale, bretonne dans la partie occidentale, mais les termes d'origine bretonne sont reconnaissables même dans certaines régions de l'est où la langue bretonne n'est plus parlée depuis longtemps. Ainsi, près du Mont-Saint-Michel, qui est normand, les noms de Dol, de Cancale ou de Carfantin ont-ils des consonances bretonnes incontestables, même si, à peu de distance, on reconnaît des termes bien français comme Fougères ou Laignelet. La toponymie bretonne surprend. En dépit d'une influence française, elle garde un aspect archaïque et semblerait démontrer à un voyageur qu'il ne se trouve pas en France. Cette toponymie est pourtant bien simple, et les noms de lieux se décomposent très facilement quand on connaît un certain nombre de « clés » faciles à retenir.

Un élément de base est le préfixe *plou*, qui provient du latin *plebem*, « peuple », puis « territoire du peuple », c'est-à-dire « paroisse ». Il apparaît un peu partout, y compris dans les zones actuellement francophones, sous la forme de *plou-*, ou encore sous les formes *plo-*, *plé-*, *plu-* et *pleu*. On reconnaîtra aussi les noms de Pleumeur (la grande paroisse), Plélan (paroisse de la lande, ou de l'ermitage), Pluvigner (paroisse de saint Guigner), Plougastel (paroisse du château), ou encore Ploërmel (paroisse de saint Armel).

Un autre élément de base est le préfixe *lann-* qui veut dire aussi bien « terre de lande » que « ermitage sur la lande ». On le reconnaît dans Lanmeur (la grande lande), Landivy (ermitage de saint Divy), Lancieux (ermitage de saint Cieux), ou Landévant (ermitage de saint Dévant). On trouve également, mais en formation plus récente, des *loc-*, qui désignent des monastères ou des prieurés. On aura ainsi Locminé (le monastère des moines), Locmalo (le monastère de saint Malo), ou Locqueltas (le monastère de saint Gildas). Toutes ces formations remontent au Moyen Age.

En revanche, le préfixe *ker*, autrefois *car* (venant du bas latin *castrum*, camp retranché), s'il a été utilisé depuis les origines, sert encore de nos jours à former des toponymes. Ce préfixe ne désigne pas, contrairement à ce que pensent certaines personnes, la maison (qui se dit *an ti*), mais un ensemble de maisons, un hameau, un village ou même une ferme avec plusieurs bâtiments. On aura ainsi des Kersaint (village du saint), Kermor (village de mer), Kermeur (grand village) ou Kersauson (village des Anglais).

Des noms de personnages sont fréquemment utilisés en toponymie bretonne, non seulement avec les préfixes courants, mais aussi seuls, comme Edern, Bieuzy ou Mériadec, ou précédés de *sant*, c'est-à-dire « saint », comme Sant-Brieg (Saint-Brieuc). Ces noms sont ceux de saints historiques ou légendaires, en tout cas des personnages qui passent pour avoir été les fondateurs des lieux ainsi nommés. Tout cela se réfère au temps de l'émigration bretonne en Armorique, et l'on peut dire que les Bretons, à ce moment-là, ont complètement bouleversé l'ancienne toponymie qui datait des époques celtique et romaine. Les Bretons, en s'installant dans la péninsule, ont même empêché la langue romane d'évoluer normalement ; les noms qui se terminent par le suffixe *-ac* en sont une preuve manifeste. En effet, dans les régions qui n'ont pas été touchées par les Bretons parlant leur langue, le suffixe *-ac* a évolué normalement en *-é*, comme dans Vitré ou Balazé ; mais dans les régions où les Bretons ont apporté leur langue, le suffixe s'est maintenu, comme dans Campénéac, Médréac, Loudéac ou Scrignac.

La toponymie bretonne utilise également beaucoup de noms communs pour caractériser certains lieux. On peut ainsi reconnaître soit isolé, soit en composition, des mots tels que *penn* « tête » ou « cap » ; *beg* « pointe » ; *lenn* « lac » ; *hent* « chemin » ; *traon* « vallée » ; *deur* ou *dour* « eau » ; *milin* « moulin » ; *avel* « vent » ; *poull* « mare » ; *toull* « trou » ; *krec'h* ou *kreac'h* « hauteur » ; *bot* « tertre » ou

8/9. *Cormoran et goéland argenté au cap Fréhel.*
8/9. *Cormorant and herring gull of Cape Fréhel.*

Trotteurs sur la plage des Sables-d'Or-les-Pins. 10 ▶

Trotters on the beach of Sables-d'Or-les-Pins. 10 ▶

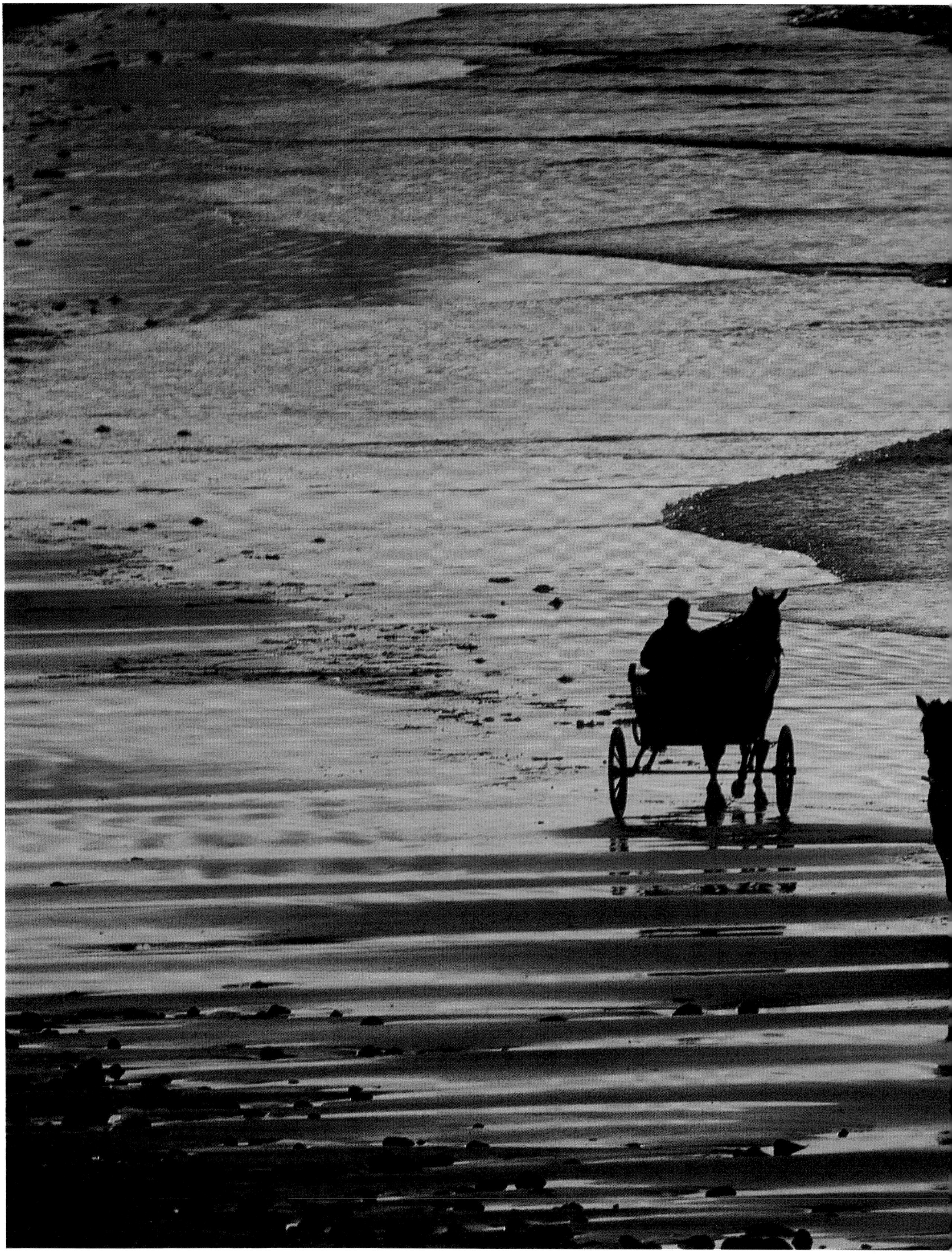

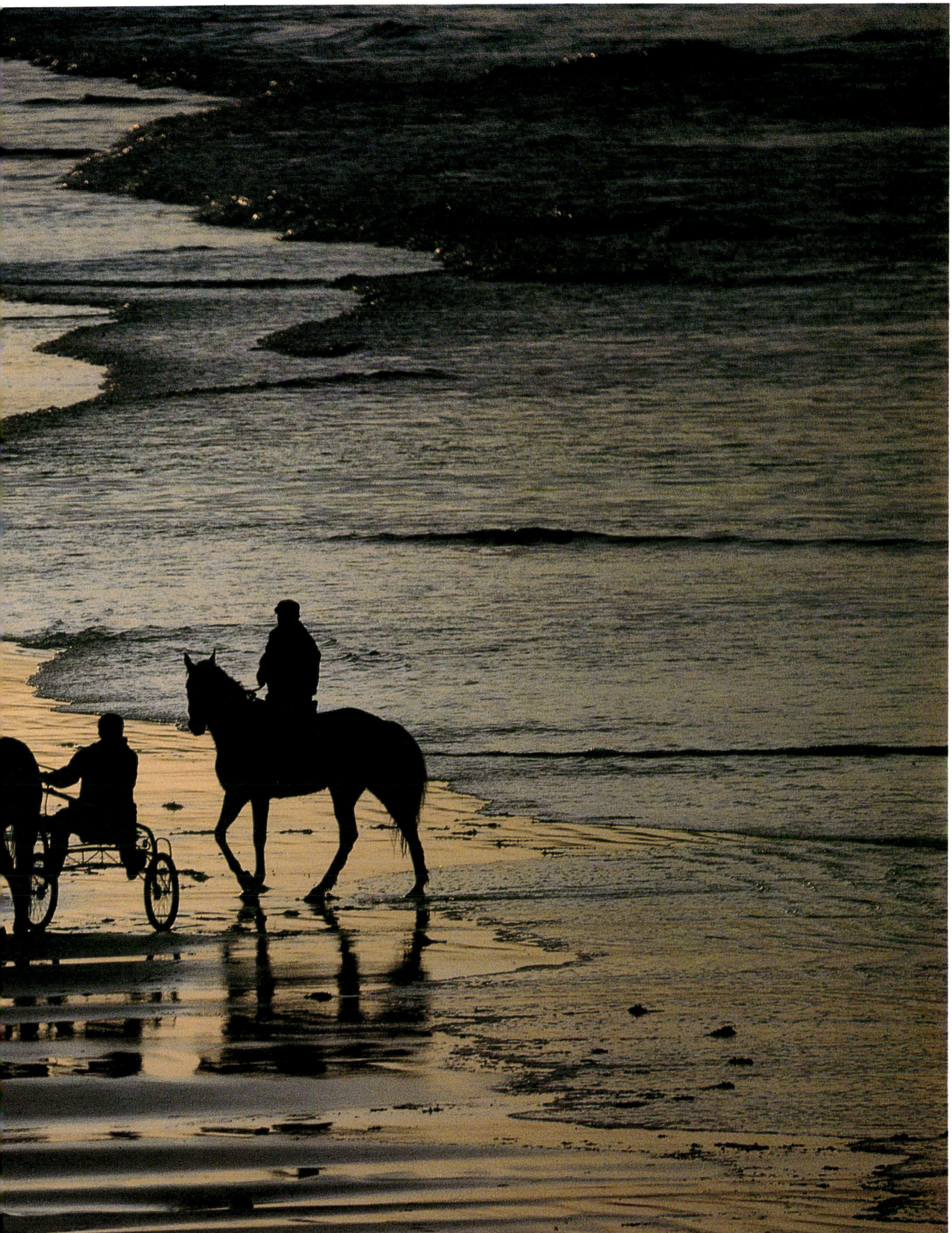

11. Erquy. Le port de pêche à marée basse.

11. Erquy. The fishing port at low tide.

« touffe » ; *lez* ou *liz* « cour » ; *porz* « port » ; *dero* « chênes » (collectif) ; *faou* « hêtres » ; *uhel* « haut » ; *izel* « bas » ; *braz* ou *meur* « grand » ; *bihan* « petit » ; *hen* ou *koz* « vieux ». Il arrive, bien entendu, qu'il y ait des altérations dans ces noms surgis de la nuit des temps et mal prononcés ou orthographiés. Qui reconnaîtrait dans le nom du village de Kerpuce le mot *puñs* qui signifie « puits » ? Ou encore de Kersauce le mot *saoz* « anglais » ? De même, dans la zone dite gallo, certains termes ont été traduits : on trouve ainsi dans le Morbihan, à quelques centaines de mètres de distance, deux villages dont l'un porte le nom de Haligan (*Haliguen* « les saules ») et l'autre, celui de la Saudraie. Il y a même dans la forêt de Paimpont un lieu dit *Coibois* où l'on retrouve le breton *koed* (ou *koad*) et sa traduction française. Il faut dire également que le nom breton d'un village ou d'une agglomération peut ne pas toujours correspondre à l'appellation officielle française. Ainsi Vannes se dit *Gwened* ; Tréguier, *Landreger* ; Ploudalmézeau, *Guitalmézé* ; Bieuzy-Lanvaux, *Bihoui-er-Hoed* ; et Pontivy, *Pondi*.

Tout cela fait que la Bretagne porte une marque celtique indélébile. Les Bretons parlent une langue qui s'apparente à celle du pays de Galles ; en fait, jusqu'au XIe siècle, le gallois, le cornique (de la péninsule de Cornwall) et le breton armoricain constituaient une seule et même langue à l'intérieur d'un groupe qu'on appelle maintenant *brittonique* et qui comprenait également la langue gauloise. Ce groupe linguistique s'oppose au groupe gaélique, qui comporte actuellement l'irlandais, le manx (de l'île de Man) et le gaélique d'Écosse, et qui résulte d'une différenciation de la langue celtique primitive, elle-même rameau des langues indo-européennes. Les langues celtiques ont constamment reculé devant la poussée des langues latines et des langues germaniques, mais elles se maintiennent cependant dans les franges occidentales de l'Europe. Et actuellement, la Bretagne, avec environ 700 000 personnes capables de comprendre et de parler leur langue ancestrale, est le pays celtophone le plus important, devançant le pays de Galles et l'Irlande.

Ces considérations sur la toponymie et sur la langue des Bretons ne sont pas inutiles dans la mesure où un pays, quel qu'il soit, porte l'empreinte profonde de ceux qui l'ont habité et mis en valeur. La Bretagne, longtemps indépendante, bien que dans la mouvance française, se présente encore actuellement comme un véritable conservatoire des anciennes coutumes celtiques. C'est ce qui fait son caractère propre. Et, de plus, la Bretagne est un pays de civilisation orale, un pays où la tradition s'est maintenue par une longue maturation en vase clos, à l'écart des courants de pensée officiels, à l'écart même, jusqu'à la fin du XIXe siècle, de la civilisation de l'écriture. C'est important à savoir parce que, sans cette tradition transmise de génération en génération par la voie orale, la Bretagne ne serait pas ce qu'elle est aujourd'hui, à l'heure où elle s'ouvre aux techniques les plus modernes, pour survivre dans un monde en pleine mutation et auquel elle participe de plus en plus.

On a répété que la Bretagne était le pays des traditions légendaires et religieuses. C'est devenu un véritable lieu commun de le dire. Et pourtant, cela correspond à une réalité. Pays profondément catholique, la Bretagne est néanmoins l'héritière de tout un passé culturel où ce qu'on appelle le « paganisme » a conservé droit de cité en réapparaissant constamment derrière une façade chrétienne. Nulle part ailleurs qu'en Bretagne on ne trouvera tant de fontaines sacrées, de cultes de saints guérisseurs, de pèlerinages dont l'origine se perd dans la nuit des temps. Ainsi, à Carnac (Morbihan), lors de la fête de saint Kornély, personnage qui passe pour avoir été pape et qui protège les bêtes à cornes, on emmenait, jusqu'à ces dernières années, les vaches en procession jusqu'à la fontaine du saint. Il en était de même à Saint-Nicodème-en-Pluméliau (Morbihan), ou encore, pour les chevaux, à Saint-Herbot, près de Huelgoat

12. *Le château de Bienassis (XVᵉ et XVIIᵉ s.).*
12. *The château of Bienassis (XV and XVII centuries).*

13. Chapelle de Kermaria-an-Iskuit. Statues des apôtres à l'intérieur du porche.
13. Chapel of Kermaria-an-Iskuit. Statues of the apostles inside the entrance.

Vue aérienne de Saint-Quay-Portrieux. 14 ▶
Aerial view of Saint-Quay-Portrieux. 14 ▶

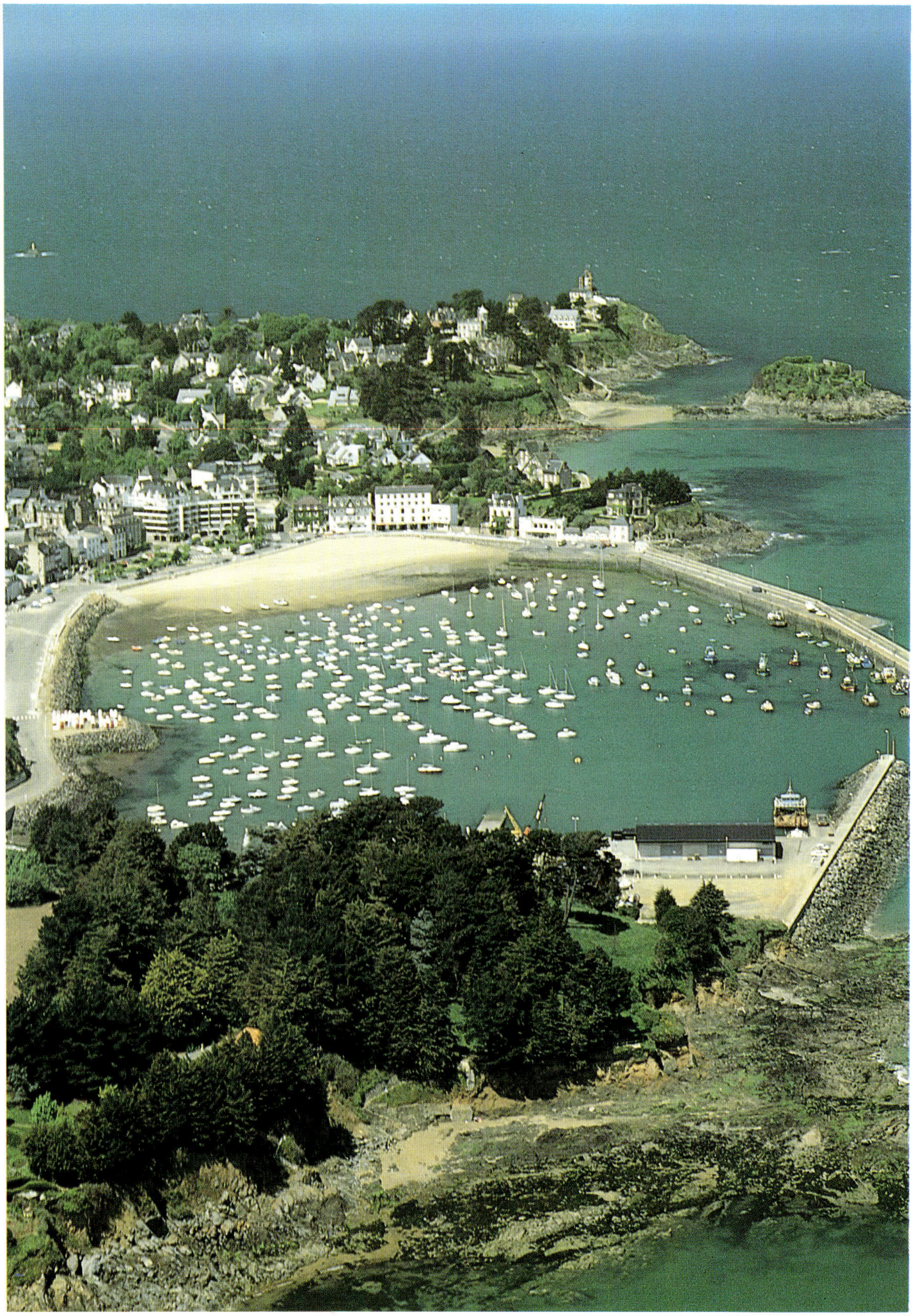

(Finistère). C'est dire que, par derrière l'image du *saint* protecteur, se profile l'ombre d'anciennes divinités qu'on honorait en ces lieux avant l'apparition des premiers missionnaires chrétiens. On sait ainsi que « saint » Kornély n'est autre que l'image christianisée du dieu cornu gaulois Kernunnos. Et le rituel, parfaitement chrétien, de la fête du saint, a englobé les habitudes ancestrales que personne n'a reniées, et qu'on n'a pu extirper de la croyance populaire.

Les « saints » bretons sont extrêmement nombreux, et il n'y a pas de paroisse qui n'ait son « saint » fondateur. C'est dire le caractère sacré que revêt la vie quotidienne des Bretons : fondamentalement mystiques, les habitants de l'Armorique se refusent à opérer cette distinction entre profane et sacré qui se fait jour dans la plupart des pays de l'Europe contemporaine. Et qui dit mystique dit mystère. Ce *mystère* breton, tant de fois chanté par les poètes, correspond à une réalité vécue par les hommes et qui a imprégné le paysage, ne serait-ce que par les chapelles qui surgissent partout, à travers les feuillages ou sur les flancs dénudés des coteaux. Et cette familiarité entre ce qui est du domaine de l'invisible, du mystère, et ce qui est du domaine des vivants, de la vie quotidienne, cette complicité, pourrait-on dire, remonte très loin dans le temps des origines.

Aux époques préhistoriques, la péninsule armoricaine a pu voir se développer ce que, faute de mieux, on nomme la religion mégalithique. Il nous en reste des témoignages irrécusables, ces fameux monuments mégalithiques, en particulier dans la région de Carnac, ces alignements, ces menhirs, ces dolmens et ces allées couvertes, ces cromlechs, où l'imagination peut placer les plus étranges cérémonies qui puissent être. On ne peut rien dire de cette religion mégalithique. On peut seulement assurer qu'elle se caractérisait par la croyance en l'immortalité de l'âme. Les gravures visibles sur certains supports, dans les allées couvertes, donnent l'image d'une déesse de la vie et de la mort, et le soin avec lequel on enterrait les défunts laisse à penser que ces peuples des IIIe et IVe millénaires avant notre ère pratiquaient une sorte de culte des ancêtres. C'est de cette époque que datent les nombreuses légendes et les traditions concernant la présence d'êtres mystérieux, les *korrigans*, dans un univers souterrain qui est celui des tertres. De même, on a émis l'hypothèse que les alignements de Carnac, et ceux d'autres endroits analogues, constituaient une sorte de paradis symbolique où chaque bloc de pierre représentait la place retenue par un être humain dans l'au-delà. Mais il s'agit également de vastes temples dans lesquels se réunissaient des foules nombreuses : pour quelles cérémonies ? L'imagination peut errer à l'infini, mais nous ne sommes pas prêts à formuler les grandes lignes de la métaphysique de ces lointains ancêtres.

A l'époque celtique, la religion, comme dans toutes les régions soumises aux peuples celtes, était le druidisme. Même si les druides évoquent pour nous des images quelque peu fantastiques, nous ne savons que très peu de chose sur ce que pouvait être cette religion. Les druides étaient les équivalents des brahmanes indiens et des flamines romains, mais on les a également comparés aux mages de la Perse antique. Ils constituaient une classe sacerdotale très hiérarchisée, avec des prêtres proprement dit, des philosophes, des médecins, des professeurs, des juristes et des devins. Ils professaient l'immortalité de l'âme, ce qui n'était pas tellement courant dans l'Antiquité, ou plus exactement la survie de l'âme dans un autre monde que celui des humains, mais très ressemblant à lui. Le culte druidique ne se déroulait pas dans des temples bâtis, mais en pleine nature, la plupart du temps dans les clairières, au fond des forêts, dans ces sanctuaires appelés des *nemeton*, terme dans lequel on retrouve la racine *nemet*, qui veut dire « sacré ». Ainsi en est-il de la forêt de Nevet, près de Locronan, dans le Finistère, ou de la fameuse fontaine de Barenton, anciennement

15. *La pointe de l'Arcouest, au nord de Paimpol.*
15. *Point Arcouest, north of Paimpol.*

16. Ile de Bréhat. La plage du Guerzido.
16. The Ile de Bréhat. Guerzido beach.

La pointe du Château au nord de Tréguier. 17 ▶
Point Château north of Tréguier. 17 ▶

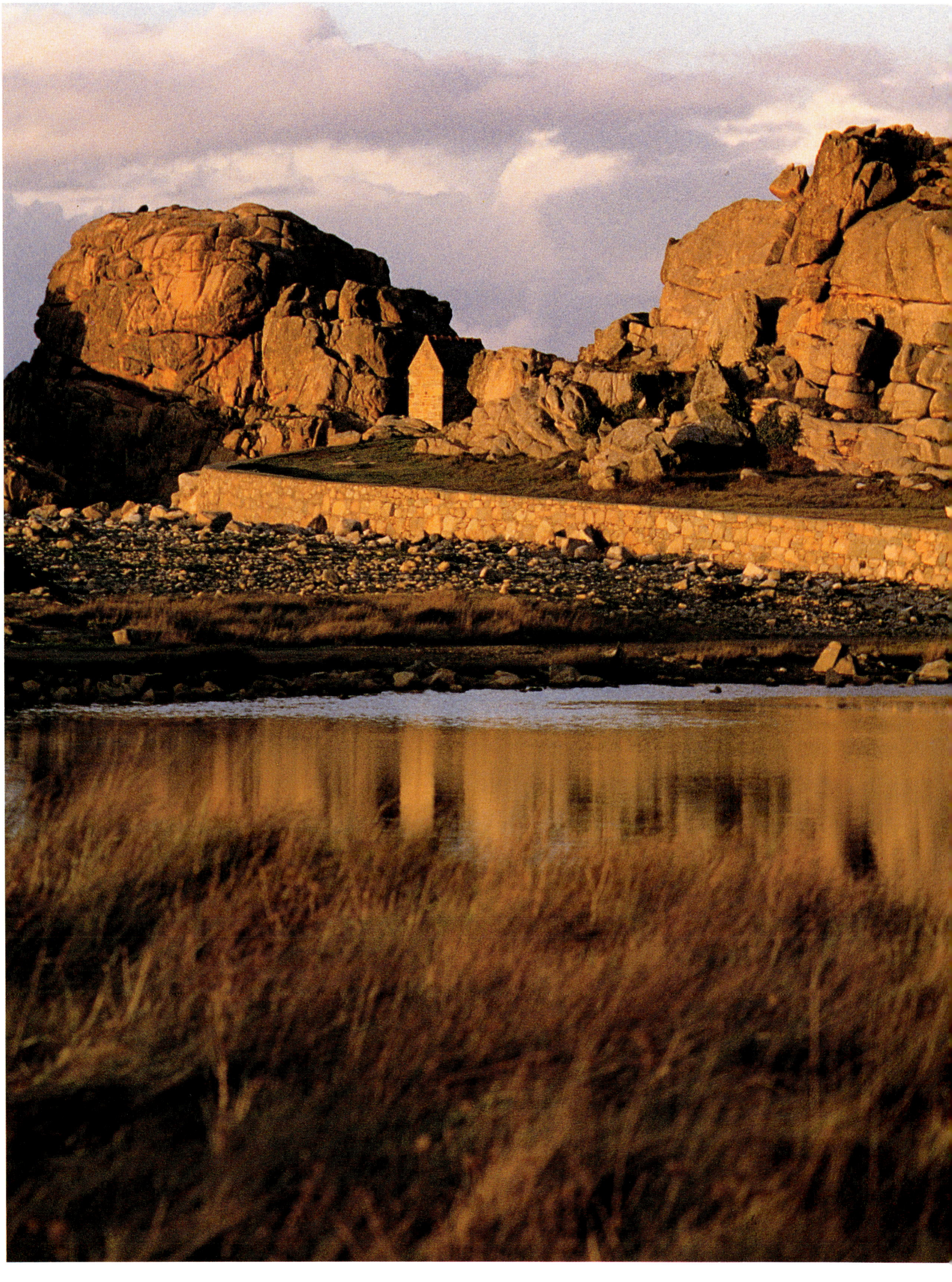

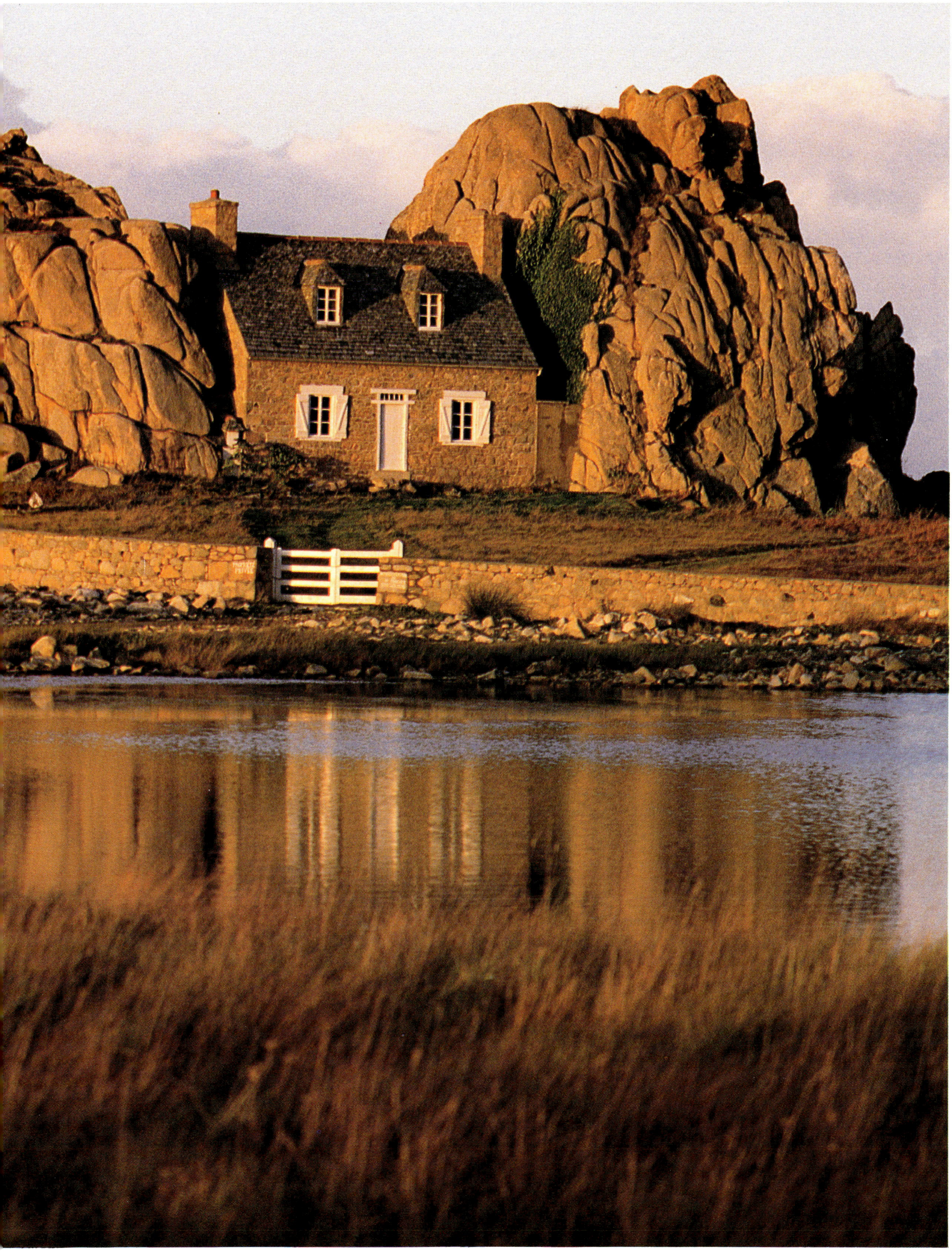

18. Tréguier. Cathédrale Saint-Tugdual. Le cloître (xve s.).
18. Tréguier. Saint-Tugdual. The cloister (XV century).

Belenton (*Bel-Nemeton*, sanctuaire de Bel, ou Belenos), dans la forêt de Paimpont-Brocéliande, fontaine magique que *Les Romans de la Table ronde* nous décrivent avec précision.

Après la conquête de la Gaule par les Romains, au temps de César, et surtout depuis la défaite du peuple des Vénètes de Vannes, en 56 av. J.-C., l'Armorique est devenue une terre presque déserte, striée par les grandes voies romaines qui reliaient les ports de l'extrême Occident aux villes du centre et du sud de la Gaule. Le druidisme a commencé à être pourchassé par les Romains qui voyaient en lui une philosophie contraire à leur système de pensée. Les druides, interdits d'enseignement, se réfugièrent d'abord dans les endroits les plus inaccessibles, mais bientôt, faute de disciples et constamment traqués, ils disparurent, se maintenant parfois sous l'aspect de sorciers de village, ou de devins. De toute façon, le christianisme triomphant intégra la spiritualité celtique dans une synthèse qui se révéla harmonieuse.

En Bretagne armoricaine, le christianisme se propagea à partir de la métropole de Tours. Mais en fait, ce fut seulement la partie la plus méridionale de la péninsule qui fut parcourue et évangélisée par les missionnaires, ceux-ci se bornant à établir des évêchés de type gallo-romain à Nantes, Rennes et Vannes. Lorsque, vers le XIe siècle, les Bretons de l'île de Bretagne vinrent s'installer dans la péninsule, ils découvrirent un pays qui était resté païen en profondeur et ils y établirent une forme de christianisme légèrement différent, reposant en grande partie sur le système des abbayes-évêchés, c'est-à-dire d'établissements religieux indépendants de la métropole de Tours et très réservés à l'égard de la papauté. Tous les grands saints fondateurs des paroisses bretonnes, ceux qui sont historiques et ceux qui le sont moins, viennent de Grande-Bretagne ou d'Irlande. Ainsi se constitua une véritable Église celtique, dont les établissements les plus prestigieux furent l'abbaye de Landévennec, l'abbaye de Sainte-Croix de Quimperlé et, plus tard, l'abbaye Saint-Sauveur de Redon. De là sont également nés les diocèses du nord de la Bretagne, Saint-Malo, Dol, Saint-Brieuc, Tréguier et Saint-Pol-de-Léon, qui, à l'origine, ont été des monastères jouissant d'une réputation extraordinaire.

Cette introduction du christianisme en deux temps et l'apport spécifique des Bretons insulaires ont donné une coloration très spéciale au paysage religieux de la Bretagne armoricaine. Et cela n'a pas été sans une certaine assimilation des croyances héritées du paganisme. D'abord, on a utilisé, comme partout, les emplacements des anciens sanctuaires. Des églises et des chapelles se sont élevées au voisinage des sources consacrées autrefois à des divinités celtiques. On a même construit des édifices chrétiens sur des dolmens, comme au Vieux-Marché (Côtes-d'Armor). Des pierres sacrées, menhirs, dolmens ou lec'hs, ont été christianisés. Certaines divinités des temps druidiques se retrouvent sous les traits de saints fondateurs de paroisses et de thaumaturges guérisseurs. Les pèlerinages, les fêtes religieuses, et ces fameux *pardons* caractéristiques du christianisme breton, ont pris la place des rituels plus ou moins magiques, plus ou moins secrets, que les populations continuaient à pratiquer, surtout dans les campagnes les plus reculées. Et toutes ces cérémonies ont perduré jusqu'à nos jours, même si elles ont perdu de leur authenticité.

Un pardon est à la fois une fête religieuse et une fête profane populaire. Aller à un pardon, c'est d'abord se faire « pardonner » ses fautes. Cette pénitence, on l'accomplit en allant sur les lieux mêmes où se déroule la cérémonie et, parfois, on y vient de très loin, le plus souvent à pied dans les temps anciens, pour bien marquer l'accession à un domaine sacré où l'on ne peut pénétrer que par un effort personnel méritoire. L'assistance à la messe et aux vêpres solennelles est également une occasion de piété. Mais on ne doit pas oublier pour autant que le pardon est une occasion de retrouvailles : c'est une commu-

19. Le port de Paimpol
19. The port of Paimpol.

20. Tréguier, les portes de la ville.

20. Tréguier, the gates to the city.

nauté tout entière qui se retrouve ainsi, permettant à tous ceux qui se reconnaissent au sein d'une même famille de se regrouper le temps d'une fête. Donc, l'aspect profane du pardon est inséparable de son aspect sacré : et il n'est pas rare que cela se termine par des beuveries. Mais l'ivresse n'est-elle pas sacrée ?

Les pardons sont très nombreux. Il y en a à peu près dans toutes les paroisses, plus ou moins importants selon la réputation de tel ou tel saint, ou encore selon le nombre d'habitants ou le pittoresque du sanctuaire. Certains de ces pardons sont demeurés d'une incontestable authenticité : seuls sont présents les gens du pays et des alentours immédiats, et c'est alors une véritable « fête de famille ». D'autres sont des rassemblements prodigieux de populations diverses, qui attirent, en plus des pèlerins proprement dit, de nombreux touristes qui profitent de l'occasion pour essayer de connaître un peu de l'ancienne Bretagne, celle qui disparaît un peu plus chaque jour qui passe. Mais cela n'influe en rien sur la ferveur, et il y a quelque chose d'émouvant et de grandiose à assister à ces pèlerinages anachroniques. Alors, on sent vraiment que la Bretagne est une terre de foi.

Le plus célèbre pardon de Bretagne est sans contestation possible celui de Sainte-Anne-d'Auray, le 26 juillet. On y vient de toute la Bretagne et, bien entendu, de Paris, qui est la ville de France qui abrite le plus de Bretons émigrés. Mais le plus pittoresque est celui de Sainte-Anne-de-la-Palud, en Plovénez-Porzay, non loin de Douarnenez (Finistère), le dernier dimanche du mois d'août. Parmi les autres pardons réputés, et qu'il faut absolument voir, on peut citer celui de Notre-Dame-du-Roncier, à Josselin (Morbihan), le 8 septembre, et celui de Notre-Dame-du-Folgoët, près de Lesneven (Finistère), également le 8 septembre, celui de Saint-Yves-de-Tréguier, le 19 mai, et surtout, en septembre, le très curieux pèlerinage de Saint-Kornély à Carnac, ou, entre le deuxième et le troisième dimanche de juillet, la célèbre Troménie de Locronan (Finistère). Ce dernier pèlerinage consiste en une longue procession à travers les bois et les collines, notamment tous les six ans, lors de ce qu'on nomme la « Grande Troménie », et qui est un spectacle inoubliable.

Certains pardons sont plus discrets tout en n'étant pas moins fervents ni moins pittoresques. A Saint-Herbot (Finistère), a lieu le « pardon des bêtes », le vendredi avant le dimanche de la Trinité. A Pleyben (Finistère), le premier dimanche d'août, les cérémonies se déroulent dans le cadre magnifique et somptueux de l'enclos paroissial. A Saint-Tugen, près d'Audierne (Finistère), le dimanche avant le 24 juin, c'est un pèlerinage assez curieux en l'honneur d'un saint qui guérit de la rage. Le pardon de Notre-Dame-de-Toutes-Aides, à Rumengol (Finistère), est très fréquenté trois fois par an, le dimanche de la Trinité, le 15 août et le 8 septembre. A Paimpol, célèbre par la chanson de Théodore Botrel et par sa « falaise » qui n'existe pas, c'est le pardon de saint Yves le 19 mai. A Gourin (Morbihan) a lieu le « pardon des sonneurs » le dernier dimanche de septembre, en l'honneur de saint Hervé, patron des bardes, c'est-à-dire des poètes et des musiciens. A Quelven-en-Guern (Morbihan), le 15 août, on peut voir des fêtes pittoresques en l'honneur de la Vierge, avec la descente d'un « ange » (aujourd'hui un mannequin, autrefois un enfant) du clocher jusqu'à terre. A Saint-Nicodème-en-Pluméliau (Morbihan), le premier samedi du mois d'août, se déroule le pardon des chevaux. A Querrien, non loin de Loudéac (Côtes-d'Armor), sur l'emplacement d'un sanctuaire d'origine irlandaise, une chapelle perpétue le souvenir d'une apparition de la Vierge, au XVIIe siècle, et donne lieu à de nombreux pèlerinages. La Vierge de Kermaria-Sulard, près de Lannion (Côtes-d'Armor), est l'objet d'un pardon local très suivi. Il en est de même au Coz-Yaudet, toujours près de Lannion, et à Notre-Dame-de-Guiaudet, près de Lanrivain (Côtes-d'Armor), où la représentation de la Vierge est originale : on y voit en effet la mère

21. Perros-Guirec. La plage de Trestraou.

21. Perros-Guirec. Trestraou beach.

22. *Le château fortifié de Tonquédec.*

22. *The fortified château of Tonquédec.*

23. *Les rochers de Ploumanach.*
23. *The rocks of Ploumanach.*

Aux environs de Trébeurden. 24 ▶

On the outskirts of Trébeurden. 24 ▶

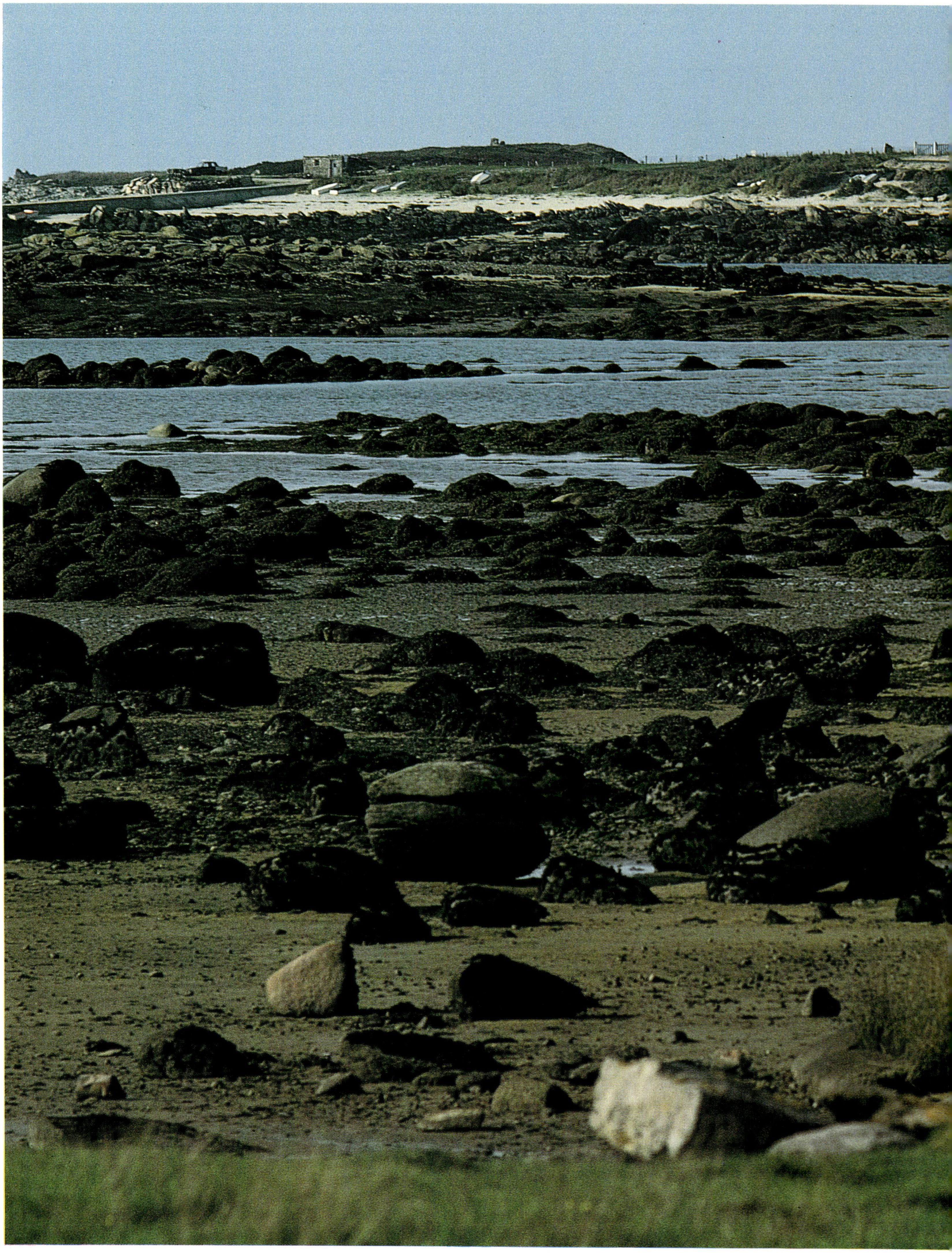

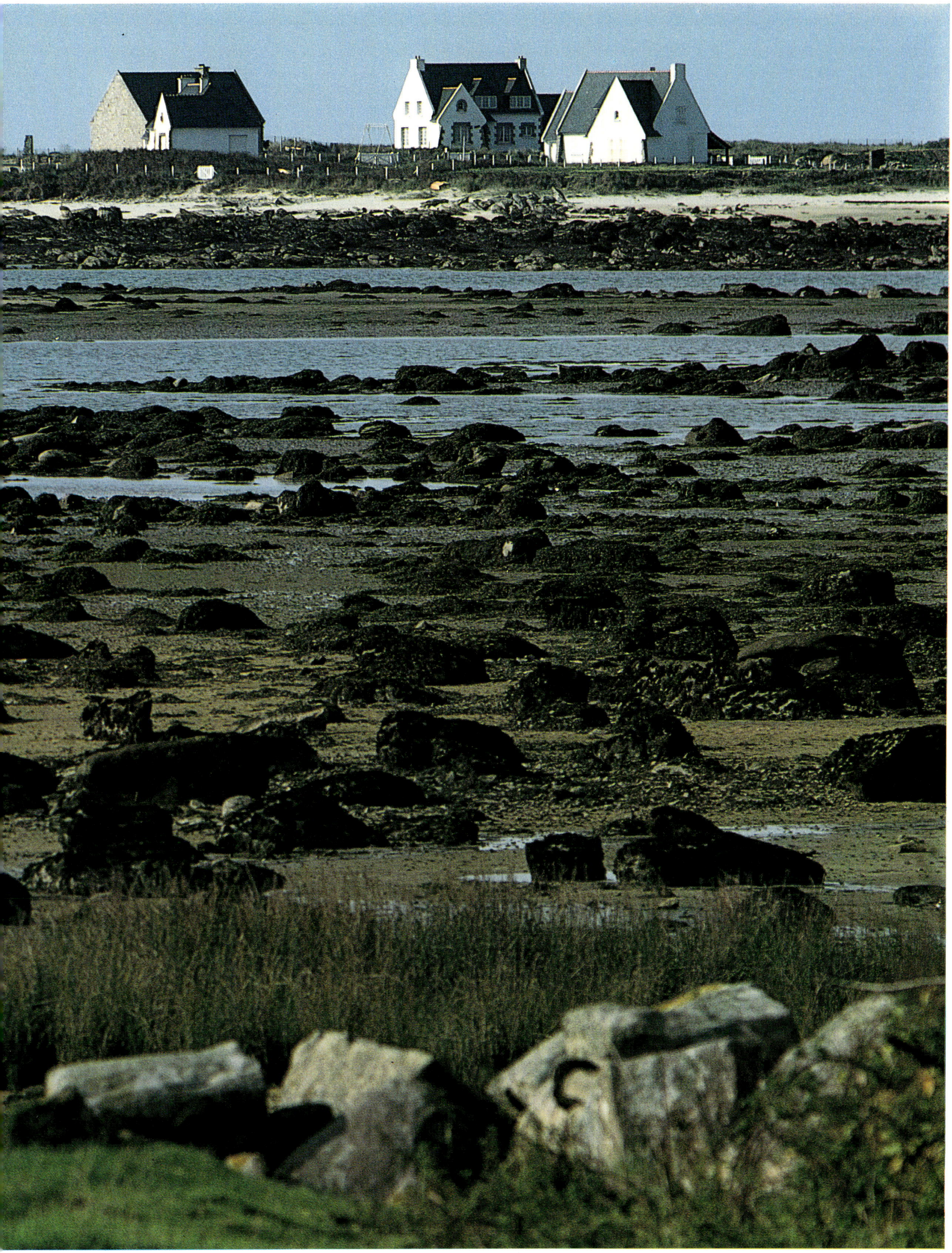

de Jésus couchée. Quant à Saint-Malo, la vieille cité corsaire, elle attire toujours beaucoup de monde, au début du mois de mars pour le traditionnel pardon des terre-neuvas et la bénédiction de la mer. Ce sont là des exemples : mais partout, y compris dans les plus modestes chapelles perdues en pleine campagne, au moins une fois l'an, des chants s'élèvent en l'honneur de la Vierge Marie, de sainte Anne, la patronne des Bretons, ou d'un quelconque saint local. C'est la preuve que rien n'est oublié de cette longue tradition religieuse qui a traversé les mers et qui s'est greffée sur la terre armoricaine.

On a dit et répété que les Bretons étaient des gens respectueux de leurs anciennes croyances et, de ce fait, on en est venu à les accuser d'être superstitieux et naïfs à l'extrême. Cela, c'est un jugement facile, et qui ne tient pas compte de la réalité du pays, pas plus que de la réalité de l'esprit breton. Le pays, c'est un pays de brume et de soleil, où les choses et les êtres ne sont jamais tranchés, jamais différenciés : tout est en demi-teinte, tout est dans les nuances. Le mot breton qui signifie « bleu » est également celui qui signifie « vert ». Alors, si l'on dit que le ciel est bleu, cela veut également dire qu'il est vert. Et les pins qui hérissent les landes sont bleus, comme la mer, un jour de grand soleil, quand le vent souffle du nord, ou de l'est, apportant avec lui toutes les rumeurs d'un autre monde que les Celtes ont tant de fois décrit dans leurs épopées mythologiques. Et qu'est donc la superstition sinon quelque chose qu'on porte au fond de soi et qu'on n'ose pas avouer parce que cela défie la logique.

« Les Bretons sont des fous », a dit Pierre-Jakez Hélias. Et il ajoutait : « des fous de la tête ». Il est vrai que les Bretons n'ont pas la même logique que les autres. Ils ont la tête dans les nuages. Mais qu'on se rassure : ils ont les pieds sur terre. Ils tiennent de leurs ancêtres, les anciens Celtes, une sorte de paralogique, une façon différente d'appréhender la vie et la mort. Cela se répercute sur leur caractère, et sur la façon dont ils modèlent leur paysage. Un paysage est toujours le reflet de l'âme de ceux qui en ont la charge.

L'originalité des croyances du peuple breton réside surtout dans sa manière d'appréhender le réel et, par voie de conséquence, dans celle d'imaginer l'irréel. Contrairement à ce qui se passe dans les pays méditerranéens, où tout est net, différencié, personnalisé, les êtres surnaturels sont vus par les Celtes, par les Bretons en particulier, comme des personnages *polymorphes,* des divinités ou des esprits revêtant sans cesse des formes nouvelles et changeantes. Les fées apparaissent aussi bien sous l'aspect d'êtres féminins d'une radieuse beauté que sous l'aspect terrifiant d'une sorcière laide et repoussante. Les enchanteurs, ces magiciens de l'au-delà, sont parfois des géants, parfois des nains, parfois des hommes comme tout le monde, mais doués de pouvoirs redoutables : et ils s'en servent indifféremment pour le bien et pour le mal. L'image des anciennes divinités du paganisme est ambiguë : le dieu Kernunnos de la mythologie celtique, qui symbolisait la vie et l'abondance, et qui était représenté avec des cornes de cervidé, réapparaît dans les croyances populaires sous des formes contradictoires. Il a en effet droit de cité à Carnac, plus ou moins confondu avec l'hypothétique pape saint Corneille, et il se nomme saint Kornély, que l'on montre à côté d'un taureau, et qui est le protecteur des bêtes à cornes. Il en est de même à La Chapelle-des-Marais, dans la Grande Brière et dans de nombreuses autres paroisses de Bretagne. Mais c'est également l'image médiévale du diable cornu, ce fameux « dieu des sorcières », qui préside les sabbats et que l'on rencontre parfois sur une lande, au carrefour des chemins. Et c'est encore l'image du Cerf blanc au collier d'or, représenté dans l'église de Tréhorenteuc (Morbihan), d'après un passage des romans arthuriens, et qui symbolise le Christ entouré de ses quatre évangélistes. Enfin, il apparaît sous les traits de « saint »

Édern, qui a donné son nom aux trois paroisses finistériennes de Plouédern, Lannédern et Édern.

Tout se tient dans les croyances. Elles ne disparaissent jamais et se réactualisent sans cesse autour de visages ou d'objets qui traversent les siècles. La nuit de la Toussaint, plus exactement la nuit du 31 octobre au 1er novembre, on raconte qu'il ne faut jamais rouler ou marcher sur les bas-côtés de la route, parce que c'est la nuit où les âmes du purgatoire rôdent sur la terre à la recherche d'un homme charitable qui pourra faire dire des messes pour elles. N'est-ce pas le souvenir de cette nuit de *Samain*, grande fête celtique du 1er novembre, où le royaume des morts était ouvert aux vivants, et celui des vivants à celui des morts ? Cette nuit-là, le temps était aboli, et l'on pouvait communiquer avec les « autres ». La ferveur avec laquelle les Bretons célèbrent la Toussaint chrétienne, authentique communion de tous les saints, c'est-à-dire des vivants et des morts, ne témoigne-t-elle pas de la permanence de cette croyance ? Quant à l'arbre de mai, au rameau que l'on cueille dans la forêt et que l'on place sur la maison, le 1er mai, n'est-ce pas le souvenir de l'antique fête celtique de *Beltaine*, la fête du feu nouveau, du début de l'été ? Et que dire des feux de la Saint-Jean d'été qui sont les survivances d'un rituel compliqué en l'honneur du soleil, considéré comme la force vitale par excellence, au moment de la nuit la plus courte de l'année, quand les ténèbres sont vaincues par le grand dieu de la Lumière éternelle ?

L'héritage des religions anciennes se retrouve dans les moindres détails de la vie quotidienne, dans les gestes qu'accomplissent les habitants des campagnes, et bien souvent – de façon beaucoup plus secrète – dans ceux des grandes villes qui se développent actuellement dans toute la péninsule bretonne. Si, pour un Breton, le réel n'est que la transformation continuelle de l'essence des choses, cela prouve une sagesse, une sorte de philosophie solidement ancrée dans l'état d'esprit d'un peuple. Le réel n'est qu'illusion, métamorphose, comme le feu, qui n'est pas un élément véritable, mais le passage d'un état à un autre. C'est ce passage d'un état à un autre qui caractérise la pensée bretonne. Le monde est transitoire. D'où la grande familiarité entre les vivants et les morts, entre les mortels et les divinités, entre les humains et les êtres surnaturels. Un Breton ne s'étonne plus de rien : les chemins creux, qui étaient si nombreux autrefois, avant les remembrements, prêtaient à ce genre de spéculations. On s'enfonçait dans l'ombre mystérieuse – et complice –, entre deux champs, et on ne savait jamais sur quel étrange paysage on allait déboucher. Nulle part ailleurs qu'en Bretagne les chemins ne se perdaient autant dans une nature échevelée, pour réapparaître ailleurs, un peu plus loin, dans la surprenante lumière d'un soleil couchant très rouge, très sanglant. Quoi de plus normal que de peupler ces chemins creux d'êtres fantastiques, de nains ou de fées, ou de les faire conduire à des châteaux mystérieux qu'on entrevoit à travers les buissons d'ajoncs sans savoir s'ils sont réels ou s'ils sont le résultat des transparences de l'air. Mais si l'on revient une seconde fois au même endroit, il n'est pas dit qu'on puisse retrouver les mêmes choses, les mêmes êtres. « Tout a changé en Bretagne, hormis les vagues qui changent toujours. » Ces paroles de Chateaubriand sont certainement celles qui décrivent le mieux l'*incertitude* bretonne, et ce mouvement perpétuel qui est, en définitive, la preuve la plus absolue de la vie. Dans les croyances populaires de ce pays, expression poétique des fantasmes d'un peuple, rien n'est stable, rien n'est figé, tout est faux, décevant, trompeur, tout, sauf l'être humain lui-même, qui est immortel et qui passe au travers de toutes les merveilles à la recherche du paradis perdu.

Quand on parcourt routes et chemins de Bretagne, on s'expose donc à rencontrer des fantômes. Ils ne sont pas spécialement effrayants. On peut toujours discuter avec eux.

25. Chars à voile sur la plage de Saint-Michel-en-Grève.
25. Wind-carting on the beach of Saint-Michel-en-Grève.

Morlaix. Le viaduc et le port de plaisance. 26 ▶

Morlaix. The viaduct and the marina. 26 ▶

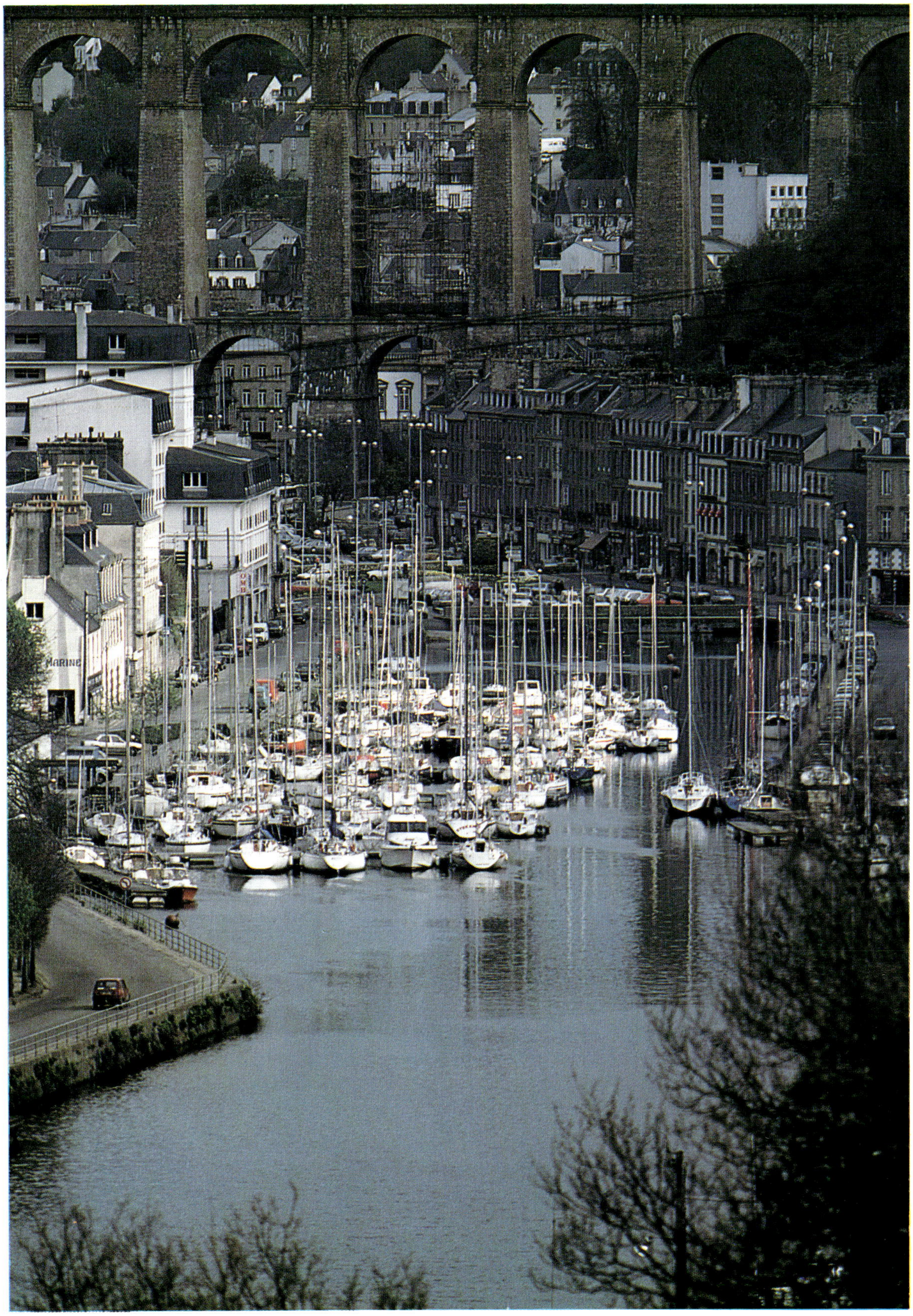

27. *Le phare de Pontusval à Brignonan.*
27. *The Pontusval lighthouse at Brignagan.*

Ce sont des âmes en peine qui réclament un regard de pitié, un geste de charité. La moindre des choses est de satisfaire leur demande, car ce sont nos frères de l'*autre côté,* et nous savons qu'un jour, nous aussi, nous serons de l'*autre côté* : nous serons alors peut-être ravis de rencontrer un homme compatissant qui nous aidera à retrouver le chemin. La délivrance des âmes est un devoir, car le monde ne sera réellement parfait, c'est-à-dire achevé, que lorsqu'il n'y aura plus aucune âme en peine à sauver. Voilà une belle formule, et c'est la formule que tout Breton se doit d'appliquer. Si une maison est hantée, ce qui arrive encore de nos jours, il suffit d'y faire venir un prêtre qui la bénira et en chassera les esprits infernaux qui s'en sont emparés. S'il y a des maléfices dans l'air, il existe toujours un moyen pour en venir à bout. Le bien et le mal se côtoient si étroitement qu'ils se confondent. Tout dépend de soi : il faut avoir le cœur pur comme les chevaliers qui se lancent à la quête du Graal, et se persuader que le bien triomphe toujours du mal, parce que le mal n'est qu'un bien imparfait. Ainsi le mal est-il né. Dans l'esprit breton, il y a une grande sérénité, une grande pureté. Et puis, les êtres de l'autre monde ne sont pas tous méchants, bien au contraire. Dans les légendes, on nous raconte fréquemment qu'ils aident les humains, qu'ils leur procurent les richesses qu'ils ont accumulées dans de sombres souterrains, et dont ils ont la garde à charge de les distribuer aux plus déshérités. Et ces gens de l'autre monde, ils *savent* : donc il faut les écouter.

C'est dans cette optique qu'il convient de préciser le rôle des saints guérisseurs. Dans toute l'étendue du territoire breton, les saints sont en quelque sorte spécialisés dans un domaine particulier. Si saint Kornély et saint Herbot protègent les bêtes à cornes, si saint Nicodème protège les chevaux, si saint Isidore est prié pour d'abondantes moissons et saint Fiacre pour la réussite du jardin potager, d'autres saints, dont la réputation est plus locale, ont la particularité de guérir les maladies dont sont affligés les pauvres humains. Ainsi, dans la vallée de l'Oust, saint Gobrien guérit des furoncles : moyennant quoi, on apporte des « clous » sur son tombeau. A Bieuzy-les-Eaux et à Bieuzy-Lanvaux, saint Bieuzy guérit des rages de dents et des maux de tête : il suffit pour cela de mettre de l'eau de la fontaine dans sa bouche et de prononcer certaines prières. Mais il faut préciser que, d'après la légende, saint Bieuzy, à la suite d'une dispute avec le seigneur du lieu, avait reçu un coup de couteau dans la tête au moment où il célébrait la messe. Il n'en avait pas moins continué imperturbablement l'office avant d'aller mourir, plus tard, près de son maître saint Gildas.

D'autres saints guérissent les maux de ventre, les fluxions de poitrine, les blessures par le fer. Des saints anonymes font marcher très tôt les petits enfants, comme au *Bé-er-Sant,* dans la forêt de Floranges : on vient apporter sur le prétendu tombeau de ce saint mystérieux (un prêtre tué pendant la Révolution) une chaussette ou un chausson appartenant à l'enfant que l'on désire vouer. Les gens du pays disent tous que cette pratique date de l'ancien temps et que personne n'y croit plus. Mais lorsqu'on a la curiosité d'aller voir sur place, on ne peut qu'être étonné par le nombre de petits chaussons tout neufs qui s'y trouvent. La permanence des rites prolonge celle des croyances. A Josselin (Morbihan), l'eau de la fontaine dédiée à Notre-Dame-du-Roncier guérit les « aboyeuses », c'est-à-dire les femmes en proie à des crises d'épilepsie. La mousse dorée que l'on recueille sur la chapelle Notre-Dame-du-Mané-Guen, en Guenin (Morbihan), guérit les maladies de peau, donne un teint frais aux jeunes filles qui s'en frottent le visage et fournit du lait aux jeunes mères allaitant leurs enfants. Ces mêmes jeunes mères peuvent aussi aller demander du lait à sainte Agathe, à Langon (Ille-et-Vilaine), dans une chapelle contenant une fresque gallo-romaine représentant Vénus nue sortant des flots. Mais tout cela n'empêche pas les femmes qui ne peuvent pas avoir d'enfants, et qui le regrettent, d'accomplir des rites bizarres et peu chrétiens auprès de certains mégalithes : se frotter le ventre contre un menhir est un remède infaillible contre la stérilité. Mais parfois le vernis chrétien cède sous la poussée des éléments les plus païens de la tradition ancestrale. Sous la statue de la « Couarde », cette représentation énigmatique d'une divinité féminine autrefois sur la butte de Castennec (Morbihan), et transportée dans le parc du château de Quinipily, en Baud, on se livrait à des ébats peu conformes à la morale chrétienne. Mais cette « Vénus de Quinipily », comme on l'appelle maintenant, avait le don de procurer une descendance à ceux qui savaient lui offrir un tel sacrifice. Une fois que le succès avait récompensé les zélateurs, ceux-ci pouvaient toujours aller remercier sainte Anne à Auray, à Commana, ou dans toute chapelle dédiée à la mère de la Vierge, protectrice des Bretons et de toutes les femmes qui désespèrent d'avoir un jour des enfants.

Les jeunes filles qui veulent se marier peuvent aller le demander à la fontaine de Barenton : cette fontaine, qui guérit également la folie, n'a jamais été christianisée, ce qui n'empêche pas certaines paroisses d'y aller en procession, clergé en tête, les années de sécheresse, pour demander de la pluie. Car cette fontaine *fait pleuvoir,* comme le raconte *Les Romans de la Table ronde,* et elle répond aux jeunes filles qui lui disent : « Fontaine, souris-moi ! », après avoir jeté dans l'eau une épingle. Généralement, la fontaine sourit par un gargouillis de bulles, ce qui fait que les auteurs du Moyen Age l'ont décrite comme la fontaine « qui bout, bien que son eau soit plus froide que le marbre ».

Mais la confiance qu'on mettait dans les nombreux saints guérisseurs ne dispensait pas de recourir à toute une pharmacopée issue du fond des âges. Comme dans toutes les campagnes, les plantes jouent en effet un grand rôle dans la médecine populaire de la Bretagne. Chaque famille possédait autrefois son petit jardin médicinal, un petit carré de terre où l'on cultivait avec soin les *louzaou,* c'est-à-dire les plantes qui guérissent.

Pour soigner les affections de la peau, on utilisait la *louzaouenn an darvoed,* l'herbe aux dartres, c'est-à-dire la petite chélidoine. Pour faire baisser la température, on employait la *louzaouenn an dersien,* l'herbe à la fièvre, c'est-à-dire la germandrée. Contre les morsures de serpent, la *louzaouenn an naer,* la serpentaire. Contre la maladie de foie, la *louzaouenn an elaz,* l'herbe au foie connue en français sous le nom d'hépatique. Pour faire dormir, on faisait absorber la *louzaouenn ar c'housked,* autrement dit l'herbe à dormir, la jusquiame. On employait également la verveine (*louzaouenn ar groaz,* l'herbe à la croix) pour protéger de toutes les affections, mais son rôle, remontant probablement aux époques druidiques, était plus magique que médical. Quant au tournesol *(tro-heol),* il guérissait les verrues, et la scrofulaire (*louzaouenn droug sant Kako,* herbe du mal de Saint-Kado) était réputée souveraine contre les écrouelles en un temps où les Bretons ne reconnaissaient sûrement pas les pouvoirs des rois thaumaturges.

En dehors de cette médecine à base de plantes que certains scientifiques sont en train de redécouvrir à notre époque, il y avait évidemment toutes sortes de méthodes pour remettre en place une articulation, pour soigner des brûlures par le souffle ou par des incantations, et pour chasser les mauvais esprits du corps des malades. Les druides ont été des médecins en même temps que des prêtres et des philosophes, et l'on sait qu'ils pratiquaient des rituels magiques où l'incantation jouait un rôle primordial. Les sorciers de village, dans certaines régions de la Bretagne actuelle, seraient-ils les lointains héritiers de ces druides, de ces hommes-médecines qui connaissaient les « secrets de la nature » et qui les appliquaient à leurs contemporains aussi bien pour les guérir que pour les exclure de la communauté ? La puissance du verbe a toujours été grande dans les sociétés dites archaïques : cela

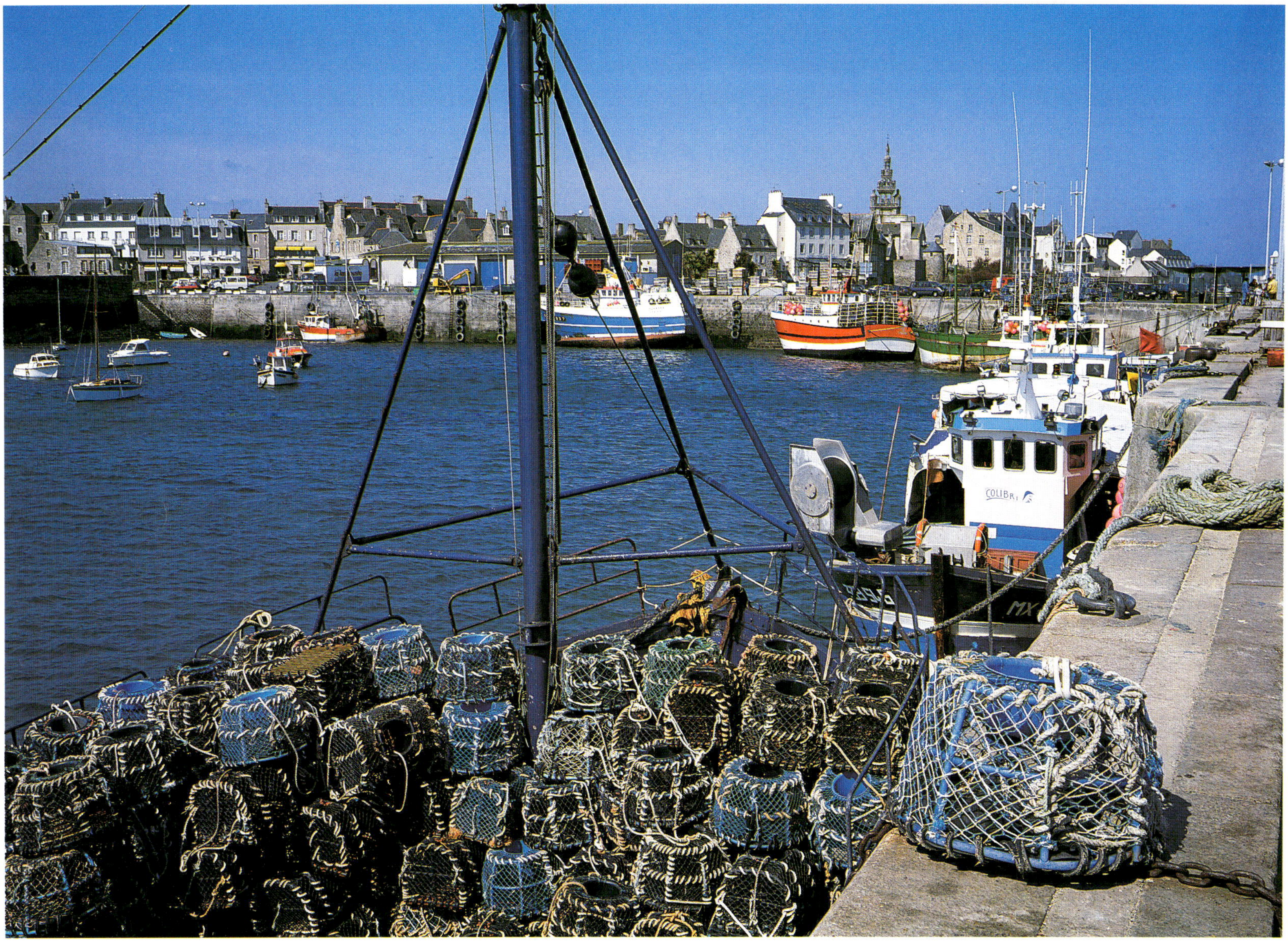
COLIBRI

◀ 28. Roscoff. Le port de pêche et le clocher de l'église Notre-Dame-de-Kroaz-Baz.
◀ 28. Roscoff. The fishing port and the bell tower of the church Notre-Dame.

29. Ile de Batz. Le climat très doux favorise la culture des primeurs.
29. Ile de Batz. The very mild climate is good for vegetable crops.

30. Pointe de Kersaint. La petite chapelle Saint-Samson.
30. Kersaint Point. The little Saint-Samson chapel.

31. Guimiliau. Le calvaire (XVe s.) avec ses nombreuses statuettes (plus de 200)
est le plus attachant des calvaires bretons.

31. Guimiliau. The wayside monument (XV century) with its numerous statuettes (more than 200)
is the most alluring of Breton calvaires.

32. Saint-Thégonnec. L'entrée de l'enclos paroissial et sa porte monumentale,
à gauche la chapelle-ossuaire de pur style Renaissance bretonne,
le calvaire et son ombre portée sur l'église, l'église et sa tour-clocher Renaissance.

32. Saint-Thégonnec. The entry to the enclos paroissial (parish enclosure) and its monumental entrance.
To the left, the ossuary chapel in pure Breton Renaissance style,
the calvaire and its shadow over the church, the church and its Renaissance bell tower.

33. Locronan. La procession de la « Grande Troménie » se déroule tous les six ans.

33. Locronan. The «Grande Troménie» procession takes place every six years.

tient à ce que, l'écriture n'existant pas, ou n'étant pas utilisée, la parole acquiert une importance considérable, apportant réconfort et apaisement tout autant que trouble et affliction. Il en est ainsi dans toutes les régions où prédomine l'oralité.

Précisément, en Bretagne, la littérature écrite est pour ainsi dire inexistante, et, dans le meilleur des cas, ne remonte pas plus haut que le XVIe siècle, du moins pour ce qui concerne la langue bretonne. Cela s'explique aisément quand on pense au caractère spécifiquement oral de cette langue bretonne, capable de moduler les moindres nuances de la pensée, mais uniquement dans un discours que l'on prononce devant les autres. Il n'y a donc pas de littérature bretonne ancienne comme il y en a une en Occitanie : il n'y pas, en Bretagne, d'équivalents des troubadours. Et pourtant, nous savons que les Bretons, comme les Gallois et les Irlandais, étaient friands de récits et de contes, et que de nombreux bardes, poètes épiques et lyriques, transmettaient de génération en génération des épopées fantastiques issues de la nuit des temps.

En fait, la grande richesse littéraire de la Bretagne armoricaine, c'est sa tradition populaire orale, à la fois dans le domaine breton proprement dit, et dans le domaine « gallo » qui, ne l'oublions pas, comprend la moitié orientale de la péninsule, et qu'on a parfois trop méprisé ou écarté au profit du premier.

Il existe une multitude de chansons colportées par des chanteurs au cours des siècles, et dont l'origine exacte est difficile à déterminer. Les deux grands genres sont les *gwerziou*, qui sont des chants dramatiques ou religieux, toujours de caractère grave, et les *sôniou*, qui sont des chansons plus légères, plus aimables, d'un ton pastoral bien accentué. Les *kantikou* (cantiques et chants liturgiques) sont également fort nombreux dans ce pays profondément catholique et reprennent souvent les légendes des saints bretons tout en donnant des exemples à l'usage des fidèles.

Au cours du XIXe siècle, et dans toute la première partie du XXe siècle, des chercheurs passionnés ont recueilli en Bretagne une importante moisson de contes populaires oraux. De l'avis des spécialistes, cet ensemble de contes et de récits divers est probablement l'un des plus riches qui soient au monde, tant par la variété des thèmes que par les modes d'expression employés par les conteurs. Parfois, ce sont de simples récits sur des événements locaux amplifiés par la mémoire des générations, mais la plupart du temps ce sont de véritables petites épopées qui se réfèrent à des schémas complexes, hérités des anciennes mythologies, et qui sont traités selon la mentalité bretonne, intégrant de ce fait les moindres préoccupations du quotidien, les moindres nuances d'une pensée toujours en éveil.

Quelques-uns de ces contes sont universellement connus, telle la légende de la ville d'Is, cette ville engloutie qu'on place généralement vers la pointe du Raz, et qui, en dehors de ses multiples aspects mythologiques, témoigne d'une lutte entre le christianisme et l'ancienne religion druidique. Mais il y a bien d'autres contes remplis d'aventures extraordinaires : le surnaturel y côtoie le réalisme, la fantaisie et l'humour se mêlent aux événements les plus tragiques. Un thème favori est celui du jeune homme pauvre qui doit quitter sa famille pour chercher fortune. Il lui arrive de nombreuses aventures qui lui permettent de faire la preuve de sa sagesse, de son astuce et de son honnêteté morale. Il épouse généralement une princesse avant de devenir roi d'un pays merveilleux. Car l'univers décrit dans ces contes est le plus souvent merveilleux : des fées, des enchanteurs, des sorciers, des géants ou des nains, ces fameux korrigans qui vivent sous terre dans des domaines enchantés, animent ces récits dont le charme un peu désuet tient toujours l'imagination en alerte. Bien entendu, dans le contexte chrétien de la Bretagne armoricaine, le diable joue aussi son rôle dans ces histoires : à travers lui,

34. Pleyben. Détail du calvaire. La Cène.

34. Pleyben. Detail of the wayside monument. The Last Supper.

35. Dans la forêt de Huelgoat (Parc national d'Armorique).
35. In the Huelgoat forest (Armoric national park).

36. Chapelle de Notre-Dame-de-Tronoën. Le calvaire (début du XVe s.) est le plus ancien des calvaires bretons.
36. Notre-Dame-de-Tronoën chapel. The calvaire (beginning XV century) is the oldest in Brittany.

37. La côte nord-ouest de l'île d'Ouessant.
37. The northwest coast of the Isle of Ouessant.

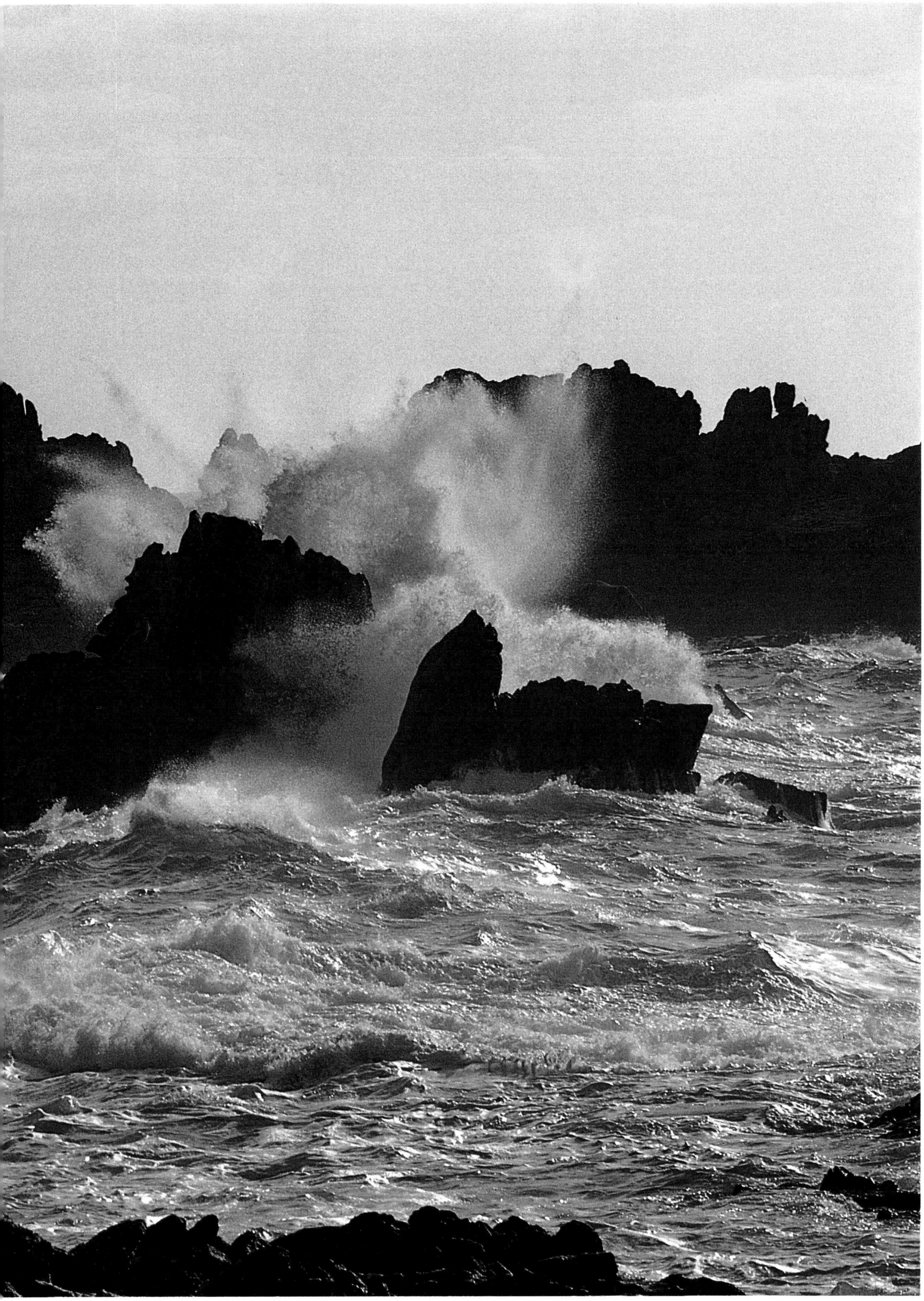

se manifestent à la fois les terreurs de l'inconscient et les désirs du peuple de renverser une situation qui, à force d'être statique, provoque l'injustice. Le diable est donc celui qui dérange, celui « qui se jette en travers » : c'est le sens étymologique du mot. Mais il est rare qu'il soit vainqueur : on se sert de lui, mais on a toujours un moyen pour le tromper lorsqu'il s'agit de payer le prix de son aide. Au fond, le diable, dans les récits de la tradition populaire, n'est qu'un exécutant dont on requiert les services pour le bien de l'humanité, en se gardant bien de tomber dans les pièges qu'il tend.

La plupart de ces contes remontent à un fonds païen incontestable. Mais comme ils ont été répétés de génération en génération par des conteurs chrétiens, ils se sont chargés lentement d'éléments appartenant au christianisme. Ainsi, dans certaines versions, les fées ont disparu : elles ont été remplacées par la Sainte Vierge, par sainte Anne et par les autres saintes de la tradition. Là encore, dans cette prodigieuse littérature orale de la Bretagne, le mysticisme ne perd pas ses droits et opère une synthèse harmonieuse entre le passé, tel qu'il se maintient dans la mémoire, et le présent, à l'ombre des chapelles et des calvaires qui se dressent à chaque détour des chemins bretons.

Mais ces chapelles et ces calvaires ne sont que l'aboutissement, à l'intérieur du cadre chrétien, de ce mysticisme inhérent à l'âme bretonne, et à travers elle à la terre bretonne. On dirait que ce pays de rivages déchiquetés, de landes incultes, de roches agressives, de vallées secrètes, de collines dénudées, suscite des rapports privilégiés entre le monde du visible et celui de l'invisible. Et ces rapports sont marqués par toute une floraison de monuments, dont certains remontent à la préhistoire, qui hérissent le sol breton comme autant de tentatives pour percer le mystère de la vie, pour donner un sens à l'existence de l'être humain, pour le mettre en contact avec un univers infini dont il n'est qu'une parcelle. En Bretagne, comme ailleurs, mais peut-être avec plus d'audace et de volonté farouche, l'art témoigne de cette quête perpétuelle vers l'absolu.

La première forme d'art qu'on peut observer dans la péninsule armoricaine est l'art mégalithique, qui remonte à une époque qui va de 4000 à 2000 avant notre ère, alors que s'achevait l'âge de la pierre polie et que commençait l'âge des métaux, du cuivre en particulier. Cet art mégalithique est dû à des peuples dont nous ne savons rien, sinon qu'ils vivaient de pêche, de chasse et d'une agriculture rudimentaire. Les « mégalithes », de deux mots grecs qui signifient « grandes pierres », sont de différentes sortes, et portent généralement des noms bretons, ce qui indique bien que nulle part ailleurs qu'en Bretagne ils ne sont plus abondants et plus caractéristiques. On les a cru longtemps « druidiques » parce qu'on n'avait pas de données précises sur les civilisations qui ont précédé celle des Celtes en Europe occidentale.

Les mégalithes, ce sont d'abord les dolmens, ou tables de pierre. Normalement, en breton moderne, on devrait dire *taolven*. Ils sont formés de dalles de pierre reposant sur plusieurs supports. De toute évidence, ce sont des monuments funéraires qui ont servi à des inhumations collectives ou individuelles. Ils sont de plusieurs types. Les uns sont simples, avec une chambre unique, ronde, carrée ou polygonale. Certains d'entre eux sont précédés d'une galerie d'accès : ce sont les dolmens à couloir. Il arrive qu'ils aient plusieurs chambres funéraires. D'autres sont de forme très allongée, et leur table est composée de dalles placées les unes à côté des autres : c'est ce qu'on appelle les « allées couvertes ». Elles peuvent comporter plusieurs chambres latérales en plus d'une sorte de sanctuaire situé tout au fond. Les dolmens et les allées recouvertes étaient surmontés autrefois d'une butte artificielle en terre (tumulus) ou en pierres mêlées de terre (galgal), mais, au cours des âges, on les a souvent mis à nu pour récupérer la terre, et aussi pour se servir des dalles de

38. Léden-Poher. À l'intérieur des terres.
38. Léden-Poher. In the heartland.

39. Brest. Le château et l'arsenal.
39. Brest. The château and the ship yards.

40. Brest. La tour de la Motte-Tanguy (XIVᵉ s.),
à l'embouchure de la Penfeld, défendait l'entrée de la ville.

40. Brest. The Motte-Tanguy tower (XIV century),
defended the entry to the city at the mouth of the Penfeld.

pierre dans la construction des maisons. Certains galgals comportent non seulement plusieurs chambres, mais également plusieurs couloirs d'accès. C'est le cas pour le galgal de Barnenez en Plouézoc'h (Finistère), où l'on compte neuf chambres différentes qui ne sont d'ailleurs pas bâties comme des dolmens ordinaires, c'est-à-dire avec une grande dalle de couverture, mais avec une voûte en encorbellement, ce qu'on appelle des *tholos* en terme d'archéologie.

Il arrive que les parois des dolmens et des allées couvertes soient décorées de gravures en creux assez mystérieuses et généralement abstraites : ce sont des lignes géométriques, des cercles concentriques, des spirales et des chevrons. On peut cependant reconnaître, dans certains cas, des représentations stylisées d'une déesse-mère, probablement la déesse funéraire sous le patronage et la protection de laquelle étaient confiés les défunts et que l'on inhumait dans ces monuments. Le galgal de Barnenez contient de nombreuses gravures de ce genre, mais c'est surtout dans les monuments de la région de Locmariaquer et du golfe du Morbihan que l'on découvre les plus belles figurations, notamment à l'allée couverte des Pierres plates en Locmariaquer, au tertre du Mané-Lud et à celui de la Table des marchands, toujours en Locmariaquer, et surtout dans l'étrange et magnifique monument de Gavrinis, situé dans une île du Morbihan, à peu de distance de Larmor-Baden.

Gavrinis est incontestablement le monument mégalithique le plus beau et le plus richement décoré du monde. Tous les supports intérieurs sont gravés : cette ornementation est d'une extrême complication, mais elle est d'une grande beauté esthétique que ne renieraient pas les peintres et les sculpteurs contemporains. Ce n'est qu'en Irlande, dans les galgals de New Grange et de Lough Crew, qu'on pourrait trouver un équivalent à la richesse artistique de Gavrinis. Et le moins qu'on puisse dire, c'est que les artistes préhistoriques qui ont travaillé sur les supports de Gavrinis ont été en possession non seulement d'une technique achevée, mais encore d'une inspiration remarquable, tout entière tournée vers l'éclatement des formes de la matière, en un rêve grandiose qui débouche sur une quête de la réalité cachée, de la réalité essentielle qui n'apparaît pas toujours à première vue. En tout cas, cela suppose une pensée philosophique et une vision métaphysique de l'univers.

Les menhirs, si nombreux en Bretagne, sont des pierres levées (*maen-hir*, « pierre longue »). Il y en a de toutes tailles, de quelques centimètres à une vingtaine de mètres. Le plus haut de tous les menhirs connus était le Men-er-Hroëk de Locmariaquer, appelé aussi le « Grand Menhir ». Il est signalé dans certains textes de l'Antiquité comme étant une « grande colonne en face de l'océan ». Actuellement, il est brisé, et gît en plusieurs morceaux non loin de la célèbre Table des marchands. Les menhirs avaient nécessairement une fonction religieuse, mais nous ne savons pas exactement laquelle. Un menhir isolé signale souvent un tertre funéraire, voire même un dolmen très proche : donc les deux principales catégories de monuments mégalithiques semblent associées. On a dit aussi que les menhirs se trouvaient à certains endroits bien précis qui étaient les lieux de rencontre des courants telluriques : il est vrai que le magnétisme semble très fort au voisinage des menhirs et, dans ces conditions, on ne peut que constater que les connaissances des anciens habitants de l'Armorique étaient certainement très développées dans ce domaine.

Mais que dire de ces amas de menhirs rangés en ligne et qu'on appelle des alignements ? On a remarqué que les lignes de direction de ces alignements allaient toutes du sud-est vers le nord-ouest : ce n'est probablement pas un hasard, et il est probable que de telles dispositions témoignent d'un souci d'orientation par rapport au soleil levant et peut-être par rapport aux constellations. Mais le mystère demeure...

Les principaux alignements sont ceux de la région de Carnac qui représentent le plus majestueux et le plus impressionnant de tous les ensembles du monde entier. Ils ont fait de Carnac la capitale incontestable de l'archéologie mégalithique. Nulle part ailleurs, il n'y a tant de monuments accumulés. Mais des alignements de moindre importance existent dans d'autres régions de la péninsule armoricaine, d'abord à Erdeven (Morbihan), où les alignements de Kerzhéro prolongent ceux de Carnac, ensuite à Saint-Just (Ille-et-Vilaine), à Médréac, à la limite de l'Ille-et-Vilaine et des Côtes-d'Armor, et à Lagad-Yar, près de Camaret (Finistère). Le Morbihan est de loin le département qui compte le plus de menhirs : dans la seule zone de Carnac, les alignements de Kerlescan comportent 594 pierres, ceux de Kermario 1 029, ceux de Ménec 1 099, ceux de Kerzhéro 1 100. Encore faut-il préciser que de nombreux menhirs ont été abattus ou détruits, non seulement sur ordre d'un clergé soucieux d'extirper les germes du paganisme des croyances populaires, mais également par utilité, les paysans récupérant à bon compte des pierres de taille pour construire leurs maisons ou débarrassant leurs champs des pierres qui les encombraient.

En dehors des dolmens et des menhirs en alignement, la Bretagne possède de nombreuses enceintes mégalithiques improprement appelées cromlec'hs : ces enceintes délimitent incontestablement des aires sacrées, de vastes sanctuaires, mais nous ignorons bien entendu quel genre de cérémonies pouvaient s'y dérouler. Les traditions populaires font état de sacrifices, notamment sur certaines pierres, certaines dalles de dolmens ou certains blocs naturels, mais visiblement taillés. On y aurait remarqué des emplacements creux correspondant à la position d'un corps, et des rigoles qui auraient pu servir à l'écoulement du sang des victimes. Il est tentant d'imaginer sur ces sites des cérémonies telles qu'en décrit Chateaubriand dans son récit des *Martyrs,* avec une druidesse plongeant son poignard dans le cœur d'une victime consentante. Mais outre le fait que la civilisation mégalithique n'a rien à voir avec les druides, il faut préciser que la plupart des creux observés sur ces pierres, et ces prétendues rigoles d'écoulement sont d'origine naturelle, résultant de l'action des pluies, du gel et de l'érosion. Par ailleurs, les dolmens sont beaucoup trop hauts pour avoir constitué de véritables « tables de sacrifices », et, encore une fois, ils étaient la plupart du temps invisibles parce que recouverts de terre et de pierres.

Il n'en reste pas moins vrai que les monuments mégalithiques de la Bretagne ont été longtemps l'objet d'une véritable vénération populaire.

En Bretagne, ce culte s'est maintenu encore plus longtemps, et le clergé, impuissant à le faire disparaître, s'est souvent contenté de christianiser les monuments les plus célèbres et aussi les plus encombrants. Ainsi trouve-t-on des menhirs surmontés d'une croix, ou gravés avec des symboles chrétiens, comme le très beau et très étrange menhir de Saint-Duzec en Pleumeur-Bodou, dans les Côtes-d'Armor.

Après la période mégalithique, les habitants de l'Armorique n'ont guère laissé de traces importantes de leur vision artistique. Les Celtes eux-mêmes, qui ne travaillaient pas la pierre, sauf dans les régions proches de la Méditerranée, n'ont pas marqué la Bretagne de leurs monuments, et cela d'autant plus que leurs cérémonies religieuses se déroulaient en pleine nature, au milieu des forêts. En revanche, ils nous ont légué une foule de petits objets d'orfèvrerie, des colliers et des bracelets en or, et surtout des monnaies finement gravées, en or, en argent ou en bronze, qui témoignent à la fois de leur goût artistique et de leurs préoccupations religieuses : ces monnaies sont en effet des illustrations étonnantes des principaux thèmes de la mythologie celtique. Parmi les plus intéressantes de ces monnaies, il faut signaler celles du peuple des Osismes, qui occupait le Nord-Finistère, et

41. La pointe de Pen-Hir, une des extrémités de la presqu'île de Crozon, avance dans la mer sa formidable falaise haute de soixante-dix mètres et se prolonge par trois blocs isolés : les Tas-de-Pois.

41. Point Pen-Hir, one of the extremities of the Crozon peninsula, juts its seventy-meter-high cliffs into the sea and is prolonged by three isolated blocks: the Tas-de-Pois (pile of peas).

42. Plougastel-Daoulas. Le calvaire (début du XVIIᵉ s.) avec ses 150 personnages est l'un des plus célèbres de Bretagne.

42. Plougastel-Daoulas. the calvaire (beginning XVII century) with its 150 figures is one of the most famous in Brittany.

43. Audierne, sur la rive droite de l'estuaire du Goyen, est un important port de pêche sardinier et thonier.

43. Audierne, on the right bank of the Goyen estuary, is an important fishing port for sardines and tuna.

Cap Sizun. La pointe du Millier et la baie de Douarnenez. 44 ▶

Cape Sizun. Millier Point and the Bay of Douarnenez. 44 ▶

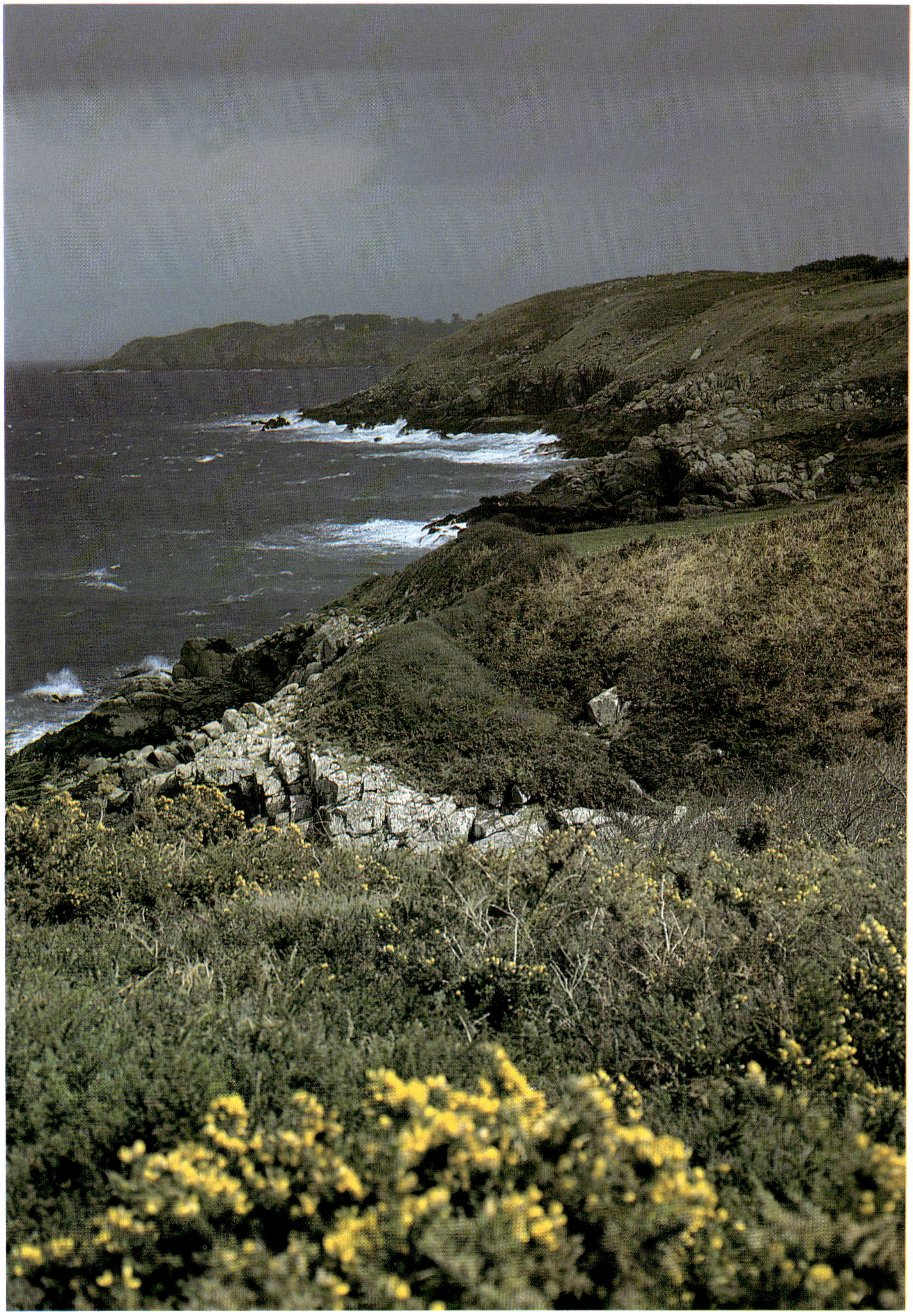

45. Ile d'Ouessant. Promenade à l'abri des murettes.
45. Isle of Ouessant. Pathway sheltered by stone walls.

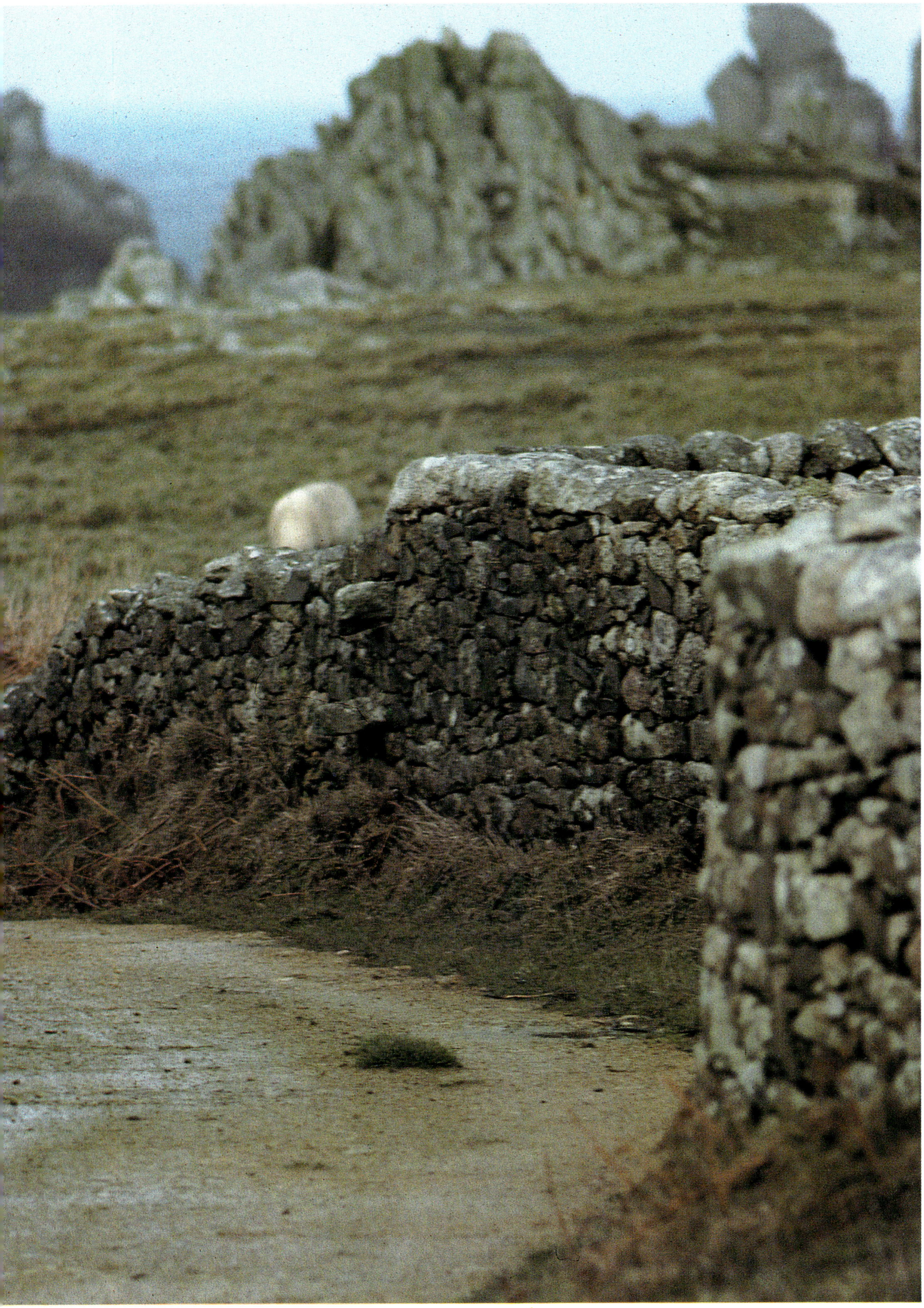

46. Pointe du Van. La chapelle Saint-They (xvᵉ s.).
46. Van Point. the Saint-They chapel (XV century).

La pointe du Raz et le phare de la Vieille sur son rocher. Au loin l'île de Sein. 47 ▶
Raz Point and the Vieille lighthouse on its rock. In the distance the Isle of Sein. 47 ▶

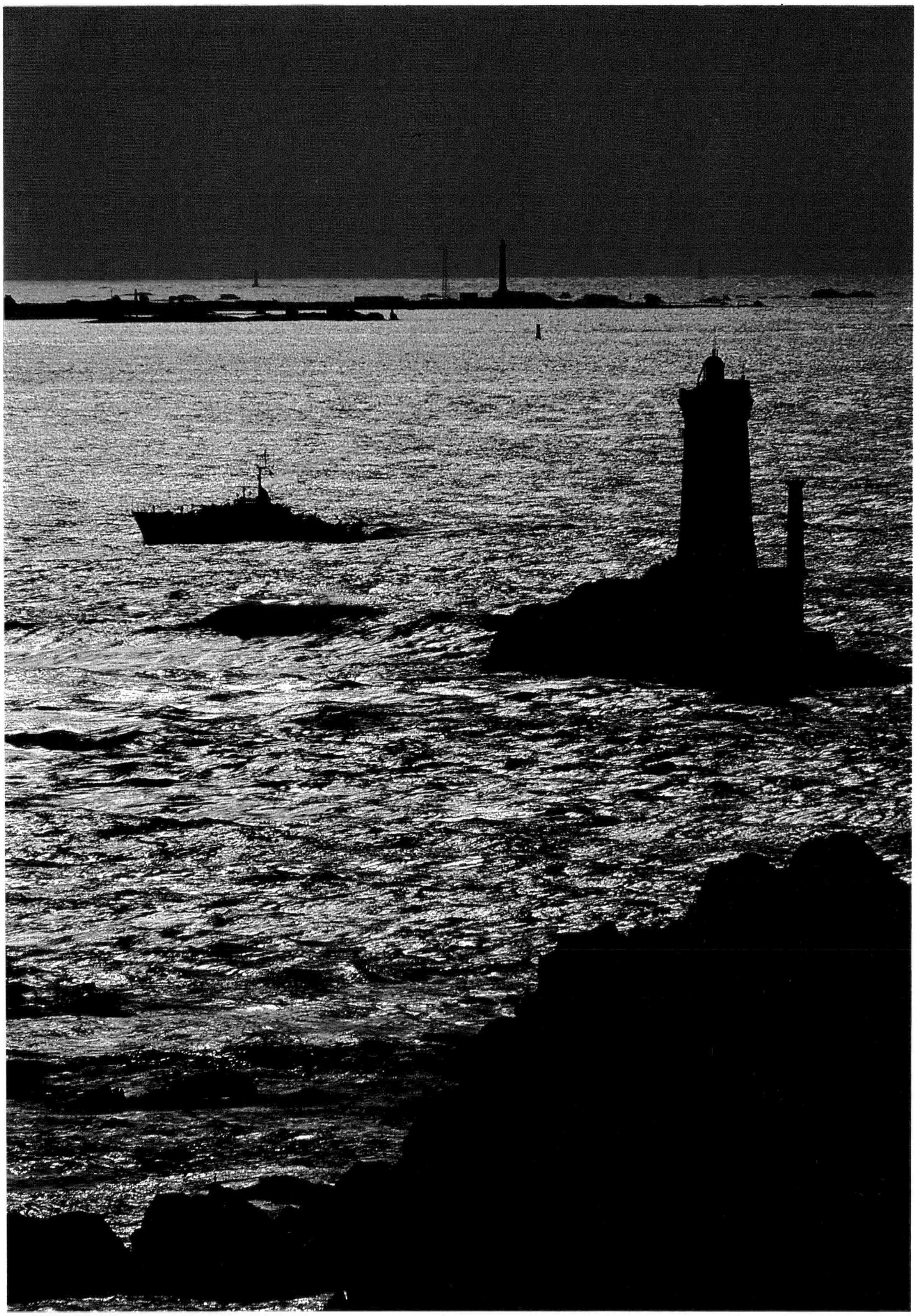

celles du peuple des Vénètes de Vannes, dont le musée de la Société polymathique du Morbihan conserve un bon nombre d'exemplaires remarquables.

L'occupation romaine a été très dense dans la péninsule armoricaine. On trouve un peu partout des vestiges d'établissements gallo-romains, de villas, de forteresses. La poterie a pris un essor considérable et de nombreux ateliers ont produit des statuettes d'argile ainsi que des objets d'albâtre. Mais il n'y a là rien d'original : cette production est en tous points semblable à celle du reste de l'Empire romain. Il faut attendre le Moyen Age pour que l'art breton sorte de l'ombre, et qu'à l'intérieur du cadre chrétien se manifeste cet élan créateur qui a marqué la péninsule d'une empreinte indélébile.

On a coutume de dire que l'art roman est inexistant en Bretagne. C'est entièrement faux. Mais il n'en subsiste que des fragments, par ailleurs tout à fait remarquables, intégrés dans des constructions plus récentes. Parmi les plus connus de ces monuments, on peut citer le clocher de l'église de Redon, autrefois abbaye Saint-Sauveur, l'un des plus importants sanctuaires de la Bretagne médiévale, les ruines de l'abbaye de Landevennec (Finistère), l'un des hauts lieux de la spiritualité celtique, la façade de l'église de Dinan (Côtes-d'Armor), la nef de Pont-Croix (Finistère), la crypte de Sainte-Croix de Quimperlé (Finistère), l'église de Loctudy (Finistère), l'abbatiale de Saint-Gildas de Rhuys (Morbihan) et l'étrange « temple » de Lanleff (Côtes-d'Armor).

Mais il ne faudrait pas oublier les chapiteaux tout à fait exceptionnels de l'église de Merlevenez (Morbihan) ou encore ceux de l'église de Brech (Morbihan), qui fut un relais important sur la route du pèlerinage de Saint-Jacques-de-Compostelle. Ces chapiteaux nous montrent que la Bretagne, à l'époque romane, bénéficiait d'un souffle créateur aussi puissant que celui qui animait les artistes de Vézelay, des églises d'Auvergne et de Saintonge, avec en plus une très forte originalité due en grande partie aux souvenirs des époques antérieures. Car si l'époque celtique n'a pas laissé de traces visibles, elle a quand même marqué l'esprit breton, établissant un véritable pont entre l'art mégalithique et l'art roman.

C'est particulièrement vrai dans les églises et les chapelles de ce qu'on appelle la Cornouaille morbihanne, au nord-est du département du Morbihan, autour de Langonnet, du Croisty, de Ploërdut et de Priziac. Là, nous sommes vraisemblablement dans la région qui est la plus authentiquement bretonne de tout le Moyen Age roman. Une légende rapportée par Philippe Le Normand prétend que la dernière bataille du monde se déroulera sur le territoire de la paroisse de Langonnet. C'est peut-être le souvenir d'une grande bataille qui a eu lieu en 818 dans cet endroit, et qui est racontée par le chroniqueur carolingien Ermold le Noir. L'empereur Louis le Débonnaire, fils de Charlemagne, voulait réduire les Bretons à la raison : « Cette nation perfide et insolente a toujours été rebelle et dénuée de bons sentiments... Tous vivent dans l'inceste et le crime. Ils habitent les bois et installent leurs couches dans les fourrés. Ils vivent de rapines, semblables à des bêtes sauvages. » Ce tableau est bien sombre, mais il doit correspondre à une certaine réalité : les Bretons du IXe siècle vivaient à l'écart du monde, et dans des conditions particulières que ne comprenaient pas les Francs. Et le chef breton Murman (ou Morvan), qui résidait à Langonnet au lieu-dit *Menez Morvan* (Montagne de Murman), refusa de s'incliner devant l'ultimatum de l'empereur Louis, répondant ainsi au moine Witkar qui lui avait été envoyé comme messager : « Va et dis ceci à ton roi : je ne cultive point ses terres et je ne reconnais pas ses droits. Qu'il règne sur les Francs ! Murman exerce légitimement le gouvernement sur les Bretons... Si les Francs me font la guerre, je ferai la guerre contre eux. » Une bataille acharnée s'engagea alors, au cours de laquelle

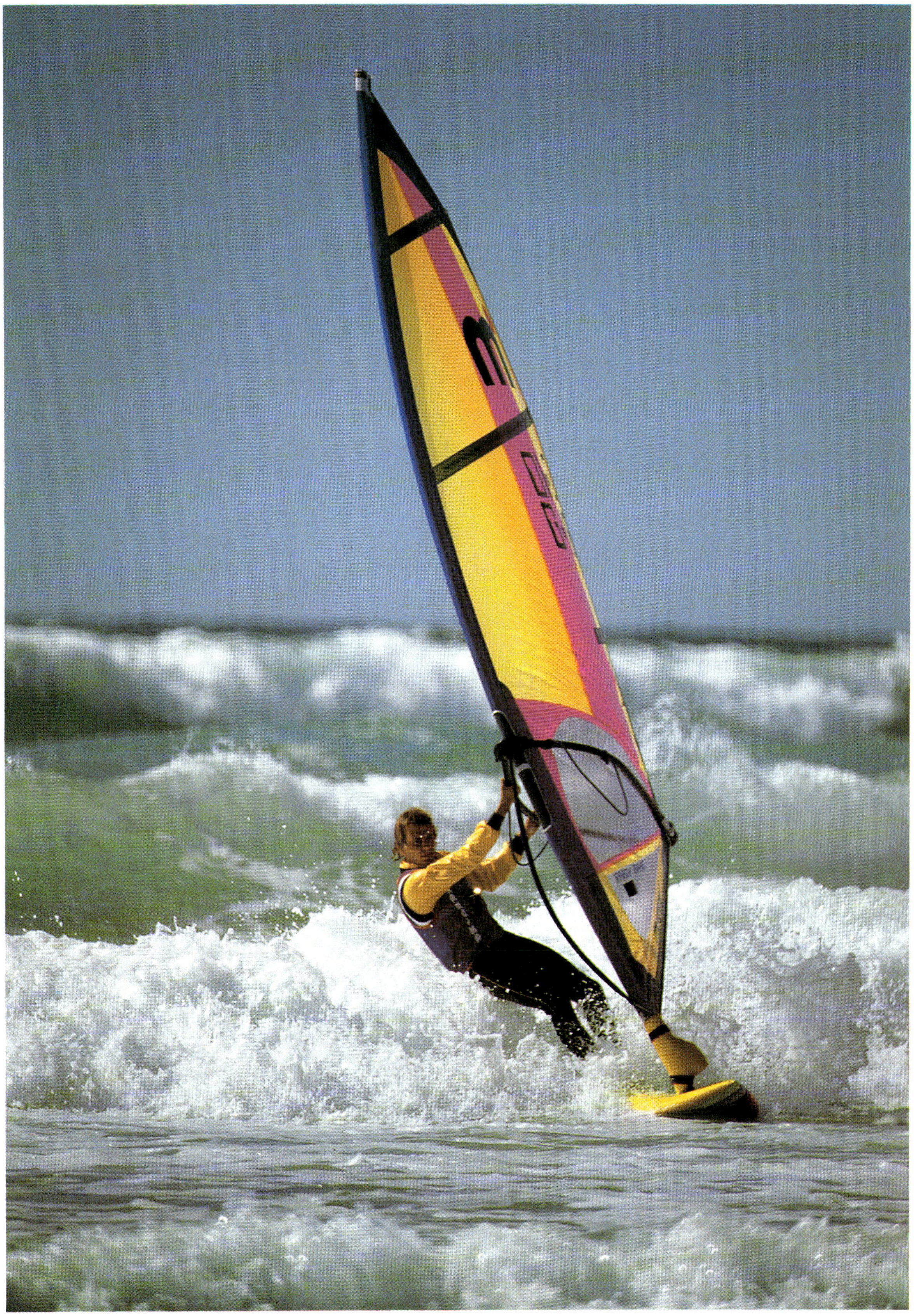

49. Saint-Guénolé. Rendez-vous au « Bar du Port ».

49. Saint-Guénolé. Friends meeting at the «Bar du Port».

◀ 48. *Fun-surf à la pointe de la Torche.*
◀ 48. *Wind-surfing at La Torche Point.*

50. Kerity. Retour de pêche.
50. Kerity. Returning from fishing.

Murman se distingua. Mais les Bretons eurent le dessous et Murman fut tué. Louis le Débonnaire imposa un tribut que les Bretons ne payèrent jamais.

Quand on contemple en effet les chapiteaux de ces églises, notamment à Priziac, on ne peut qu'être stupéfait par l'étrangeté de l'ornementation. Incontestablement, les sculptures qu'on y découvre témoignent d'une permanence assez extraordinaire de l'art celtique, tel qu'il s'exprime sur les monnaies gauloises ou sur les objets d'orfèvrerie, et par là de l'art mégalithique tel qu'on peut le voir à Gavrinis. On y retrouve en abondance des motifs géométriques, des cercles concentriques, des spirales, des lignes brisées ou ondulées et des chevrons, motifs caractéristiques de ce style. Il y a là quelque chose d'étrange et d'envoûtant, comme s'il s'agissait d'un langage s'adressant au plus profond de l'esprit humain et délivrant un message que nous ne sommes plus en mesure de traduire consciemment.

L'art roman breton existe donc. Pour être complet, il faudrait également se perdre dans les ruines de l'abbaye de Daoulas (Finistère) ou dans l'église de Saint-Gildas-des-Bois (Loire-Atlantique), ou encore dans des petites églises en apparence insignifiantes, comme à Plescop et à Plumergat (Morbihan), ou complètement remodelées comme à Locmariaquer, non loin des dolmens gravés : on y découvrirait des richesses insoupçonnées, parce que discrètes et plongées dans l'obscurité des sanctuaires. Et à Locmaria-Quimper, près de l'Odet qui s'enfonce dans la verdure après avoir côtoyé les rives turbulentes de la ville et après avoir reflété les flèches gothiques de la cathédrale, la modeste petite église est une sorte de havre de paix et de méditation où il fait bon rêver sur la grandeur sauvage d'un Moyen Age, héritier des traditions ancestrales et véritable cristal où convergent les rayons de la spiritualité la plus folle et la plus audacieuse.

Cependant, c'est l'époque dite gothique qui est la plus riche, la plus abondante en monuments divers, sur tout le territoire breton. Cela tient d'ailleurs au fait que le style gothique, avec ses nombreuses variantes, s'est prolongé dans la péninsule armoricaine bien au-delà du Moyen Age, et parfois même jusqu'en plein cœur du XVIIe siècle.

Il y a bien entendu des vestiges d'une architecture civile ou militaire, et ceux-ci ne sont pas négligeables. Les châteaux de Fougères, de Vitré, de Châteaubriant, de Nantes, de Vannes et de Brest sont célèbres par la pureté de leurs lignes et leur vaste surface. Les châteaux de Josselin et de Pontivy, qui portent l'empreinte de la famille des Rohan, sont particulièrement remarquables par la finesse du plan architectural et par l'élégance de la décoration : celui de Josselin, jailli du sol comme par enchantement, solidement encastré dans une assise rocheuse qui domine l'Oust, constitue le cœur d'un ensemble architectural de toute beauté niché au creux de la verdure. Le château de Suscinio, dans la presqu'île de Rhuys, et qui fut un des lieux de résidence des ducs de Bretagne, dresse en face de la mer des murailles fantastiques. Le château d'Hennebont se confond avec la vieille ville et évoque des épisodes glorieux de la guerre de succession de Bretagne, dans le cadre de la guerre de Cent Ans. Plus modeste, le château de Comper en Concoret (Morbihan) évoque la légende de Viviane, de Merlin et de Lancelot du Lac, et le manoir de Trécesson, au sud de la forêt de Brocéliande, qui mire dans les eaux calmes d'un étang ses pierres de schiste rouge ou violet, est un véritable palais de contes de fées, presque trop beau pour être vrai.

Mais c'est surtout dans le domaine religieux que l'art breton de la période gothique est le plus fécond et le plus audacieux. On s'étonne en constatant une telle densité d'églises et de chapelles réparties sur toute l'étendue de la péninsule : ces sanctuaires, merveilleusement conservés, la plupart du temps en granit dur, défient le temps et les

51. Guilvinec. Le déchargement des chalutiers devant la criée.
51. Guilvinec. Unloading fishing boats in front of the fish market.

Guilvinec, important port de pêche. 52 ▶
Guilvinec, an important fishing port. 52 ▶

GV317515

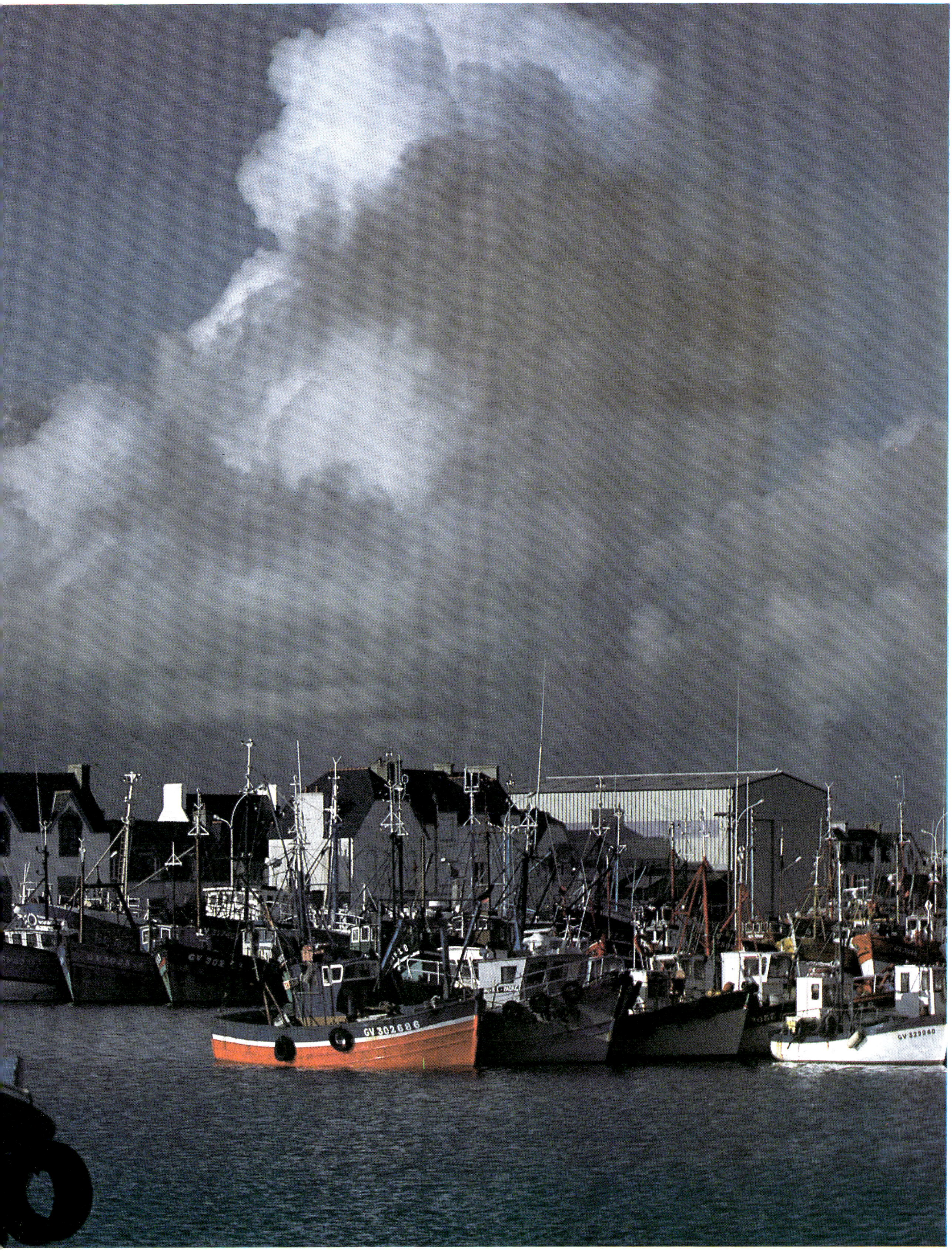
GV 302686

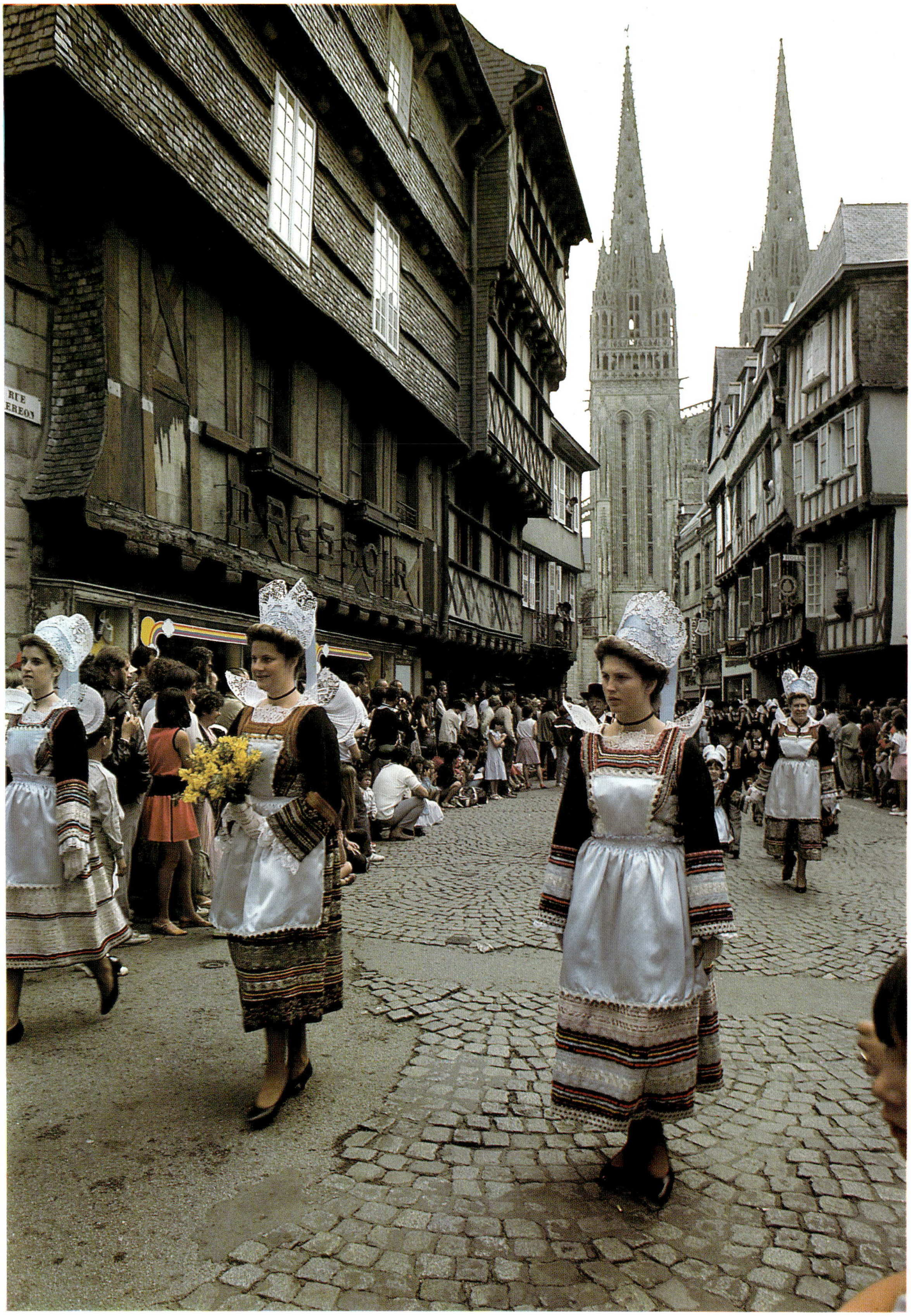

54/55. Coiffes de Quimper et de Pont-l'Abbé (Pays bigouden).

54/55. Head dresses from Quimper and Pont-l'Abbé (Bigouden region).

◀ 53. Quimper. « Grandes fêtes de Cornouaille ». Au fond, la cathédrale (XIIIe-XVe s.).

◀ 53. Quimper. «Cornouaille's Big Celebration» (Grandes fêtes de Cornouaille).
In the distance, the cathedral (XIII-XV centuries).

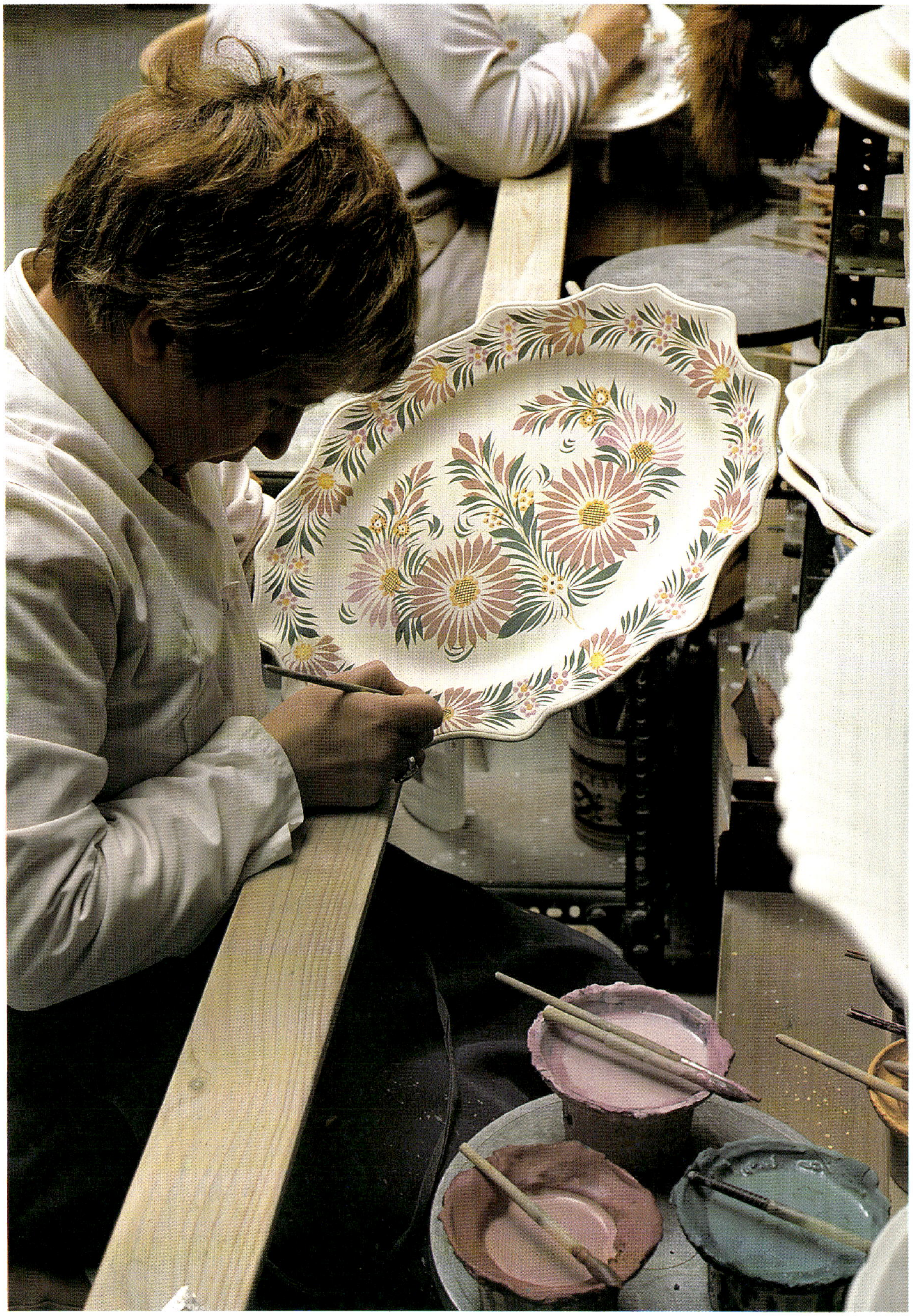

intempéries, parfois à flanc de collines, ou sur les sommets, parfois sur des rivages battus des vents, parfois enfouis dans la verdure des vallées. Il arrive que, dans un village comportant seulement deux ou trois maisons, on voit se dresser les murs et la flèche d'une chapelle que partout ailleurs on appellerait une cathédrale. Cela tient au fait que la Bretagne n'a jamais oublié qu'elle était le pays où le monde des humains communique avec le royaume des réalités supérieures. De plus, c'est le pays de la pierre, d'une pierre dure qui défie le temps, d'une pierre qui, en vieillissant doucement sous les pluies, les brumes, les coups de fouet du soleil, se couvre de lichens et de mousses. Elle essaie de prouver ainsi que l'inanimé bouge et respire comme les êtres vivants, qu'il se pare de toutes les couleurs de l'arc-en-ciel et qu'il répond aux questions qu'on lui pose sur le sens et le but de la vie. A ce moment-là, il n'est plus possible d'établir une distinction entre ceux qu'on appelle des artistes et ceux qu'on appelle des artisans : il n'y a plus de technique, il n'y a plus d'art, il n'y a plus que la sensibilité d'un peuple qui sait que les êtres et les choses sont liés par des nœuds mystérieux et qui ne peuvent être exprimés autrement que par l'élan de la foi.

Du XIIe au XVIe siècle, époque de la grandeur bretonne, tant du point de vue politique qu'économique, la péninsule s'est couverte de monuments religieux de toutes grandeurs, sous l'impulsion des ducs de Bretagne et de leurs vassaux, mais aussi par un souci constant de la part de la population de bâtir des sanctuaires qui témoigneraient de leur enthousiasme. Ainsi naquirent de somptueuses cathédrales, celles du nord, d'inspiration normande, mais travaillées comme un défi dans le granit le plus dur, Dol, Saint-Malo, Saint-Brieuc, Tréguier et Saint-Pol-de-Léon. Certes, le style normand est reconnaissable, mais ce style était fait pour la pierre tendre, pour le calcaire : les artistes bretons ont réussi à faire de la dentelle avec le granit, surpassant leurs modèles et donnant à leurs ensembles architecturaux une grandeur âpre et sauvage. Ainsi naquirent les cathédrales du sud, d'inspiration angevine : Nantes, Vannes et Quimper, celle-ci très étrange avec le décalage du chœur par rapport à la grande nef, et placée sous la protection de saint Gwennolé, fondateur de Landévennec, et du roi Gradlon, le fantastique et mythique souverain de la ville d'Is. Quant à la cathédrale de Rennes, disparue au cours d'un incendie au XVIIIe siècle, on sait, grâce aux divers documents d'époque, qu'elle était tout aussi digne des autres.

Mais il n'y a pas que les cathédrales. Non loin de la cathédrale de Saint-Pol-de-Léon, la chapelle de Kreisker étonne par ses proportions et son défi à la pesanteur. L'église de Locronan (Finistère) est intégrée dans un ensemble Renaissance dont on conserve jalousement la pureté : c'est le type parfait de l'église bretonne, centre absolu de la vie paroissiale, lieu géographique où convergent toutes les activités du bourg et de la campagne avoisinante. En fait, tous les sanctuaires seraient à citer : les deux chapelles du Faouët (Morbihan), celle de Sainte-Barbe, juchée à flanc de coteau dans un site impressionnant, au milieu d'escaliers monumentaux, et celle de Saint-Fiacre, au centre d'un hameau, avec un jubé de bois décoré de façon merveilleuse ; l'église paroissiale de Kernascléden (Morbihan), avec ses fresques murales et sa célèbre « danse macabre » ; la chapelle Notre-Dame-du-Folgoët, près de Lesneven (Finistère), lieu de pèlerinage célèbre, l'église des Iffs (Ille-et-Vilaine) avec ses merveilleux vitraux Renaissance ; l'église de Ploërmel (Morbihan) avec ses gravures alchimiques sur un portail dont la complexité excite bien des curiosités ; la chapelle de Quelven-en-Guern (Morbihan), qui est une cathédrale en pleine nature ; et combien d'autres se dissimulent dans le bocage ou dans les bois, ou au-dessus des toits d'ardoise des maisons d'un village...

Une spécialité de cet art breton est le clocher dit « à jour ». Ce type de construction

57. Concarneau. Le port, les remparts de la ville close et la tour du Fer-à-cheval.

57. Concarneau. The port, the ramparts of the walled city and the Fer-à-cheval tower.

◀ 56. Quimper. Décoration de faïence.

◀ 56. Quimper. Decorating earthenware.

58. Concarneau. La criée.

58. Concarneau. The fish market.

59. *Le Faouët. La chapelle Saint-Fiacre (xvᵉ s.) et son clocher-pignon.*
59. *Le Faouët. The Saint-Fiacre chapel (XV century) and its bell spire.*

60. Le Faouët. Le jubé (XVᵉ s.) de la chapelle Saint-Fiacre
dentelle de bois coloré, de style flamboyant.

60. Le Faouët. The rood screen (XV century) of the Saint-Fiacre chapel,
colored wooden lace in a flamboyant style.

61. Lorient. Le repas des mouettes au retour des chalutiers.
61. Lorient. The gulls feast when the fishing boats return.

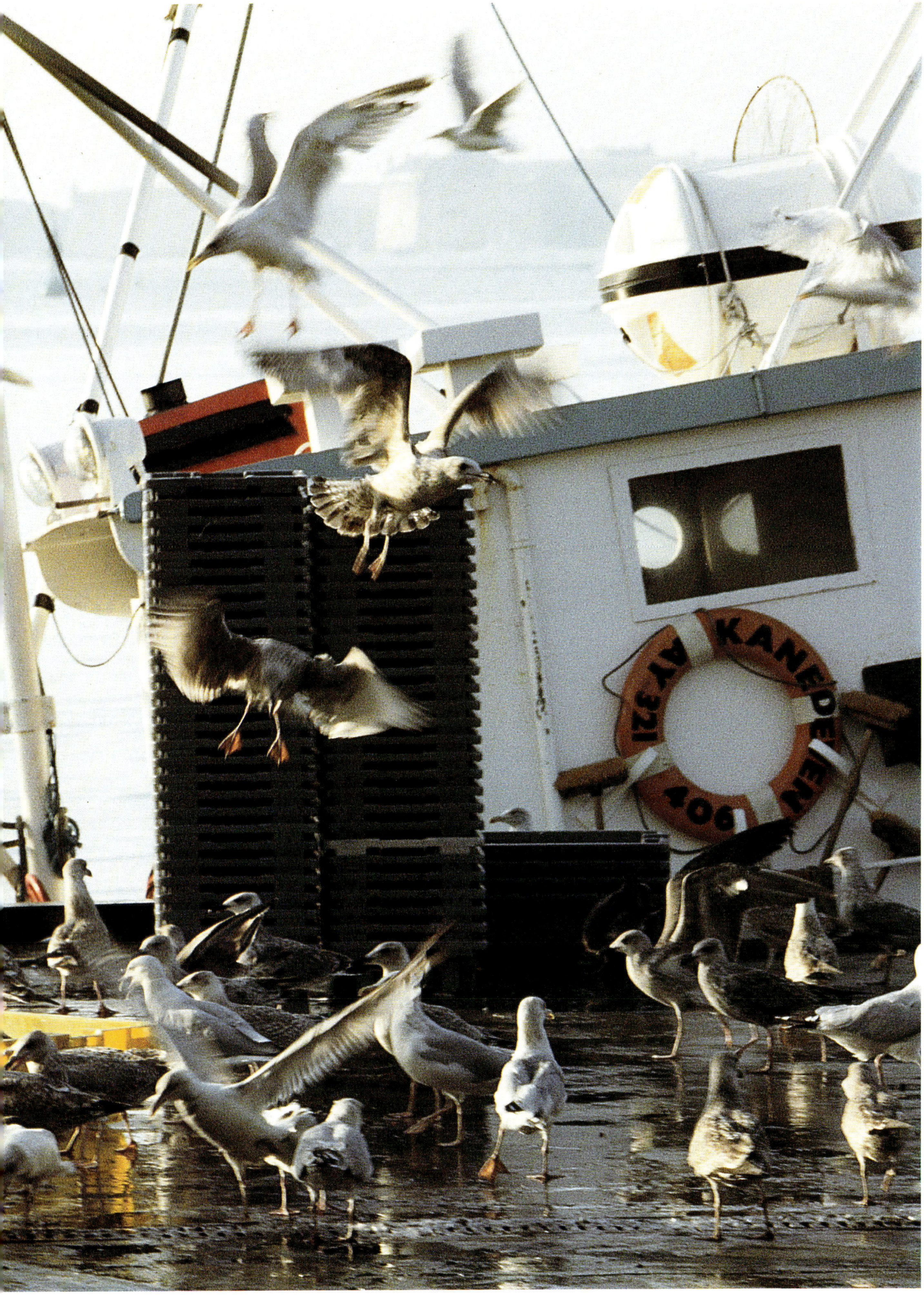
AY 321
KANE
406

constitue une prouesse technique : c'est de la dentelle de pierre fièrement dressée vers le ciel. Le regard se trouble quand on considère la hauteur de certains de ces clochers par rapport à la masse du bâtiment, et l'on peut penser que chaque constructeur a mis son point d'honneur à tenter l'impossible. Mais l'impossible s'est réalisé, comme sur le magnifique clocher de Kreisker à Saint-Pol-de-Léon, comme sur la chapelle de Quelven, sur la chapelle de Saint-Nicodème-en-Pluméliau. En fait, il y a là encore une sorte de continuité dans l'art breton depuis les origines mégalithiques, car les clochers qui jaillissent de la verdure ou de la rocaille ne sont pas sans évoquer les menhirs gigantesques d'Erdeven ou de Camaret. Plus que jamais, le clocher et le menhir sont les représentations symboliques du désir de l'humanité d'échapper à la condition terrestre et de gagner les séjours bienheureux qui s'entrouvrent dans le ciel. On y reconnaît cet appel vers l'infini dont Chateaubriand s'est fait l'un des chantres les plus convaincants, mais que tout Breton ressent en lui-même dès qu'il a l'âge de porter ses regards au-delà des dernières maisons de son village.

L'art religieux breton se distingue également par ce qu'on appelle communément des « calvaires ». Ce ne sont pas seulement les monuments compliqués qu'on peut voir à Guéhenno (Morbihan), qui est le plus ancien, ou à Plougastel-Daoulas (Finistère), qui est le plus célèbre, mais souvent de simples croix de granit ornées de sculptures représentant des scènes évangéliques ou des personnages. Il en existe partout, dans tous les cantons de Haute et de Basse-Bretagne, parfois avec des détails extraordinaires surgis de l'imagination la plus fantastique, parfois d'une sobriété qui provoque un grand respect et une grande émotion chez ceux qui condescendent à s'arrêter pour les regarder. Certes, le calvaire de Tronoën, près de Penmarc'h (Finistère), est l'un des plus importants, l'un des plus remarquables aussi, avec une de ses faces rongée par le sel du vent marin qui l'assaille presque nuit et jour, mais la modeste croix de Saint-Bily, près de Plaudren (Morbihan), dans les landes de Lanvaux, n'est pas moins belle ni moins émouvante.

Et que dire des statues ? Les porches des églises et des chapelles sont remplis de personnages bibliques, d'évangélistes et de pieux personnages dont la tradition hagiographique ou les légendes locales nous ont laissé le souvenir. Certains de ces porches ont été malheureusement défigurés au moment des guerres de Religion et au temps de la Révolution, mais aussi par la pluie et le vent, la plupart demeurent cependant intacts. A l'intérieur des sanctuaires, ce sont des statues de bois polychromes, souvent repeintes, avec un aspect naïf qui donne encore plus de puissance à leur expression. Le bois est vermoulu sans doute, mais les visages ont conservé cette sérénité et surtout cet « émerveillement » qui sont la marque la plus authentique de la spiritualité bretonne.

Et l'art gothique s'est lentement fondu dans un âge baroque. L'esprit breton est assez rebelle aux normes classiques : il y a toujours quelque chose de fou et de surprenant dans l'inspiration bretonne. La rigueur classique est donc inconnue dans la péninsule mais, en revanche, le baroque y a triomphé, prenant la suite d'un gothique flamboyant qui était lui-même à plus d'un titre une tendance aux formes disproportionnées. La ligne droite, la symétrie, la juste mesure, tout cela a été revu et corrigé par les artistes bretons, et ils en ont fait quelque chose d'autre, quelque chose qu'il est difficile de classer. Cela explique le nombre incroyable de monuments apparentés au style baroque, dont la somptuosité et la complication sont tellement exagérées qu'ils en deviennent des chefs-d'œuvre. Les fameux retables qui sont la gloire des églises du Léon (Nord-Finistère) en apportent une preuve manifeste. On en retrouve des traces dans les moindres chapelles de hameaux, comme si une fièvre s'était emparée de tous les sculpteurs des XVIIe et XVIIIe siècles. Ce ne sont que

62. Port-Louis. Vue aérienne de la citadelle qui commandait l'entrée de la rade de Lorient.
Commencée sous l'occupation espagnole à la fin du XVIe siècle
elle fut achevée en 1636 sous Richelieu.

62. Port-Louis. Aerial view of the citadel which guarded the entrance to the Lorient roadstead.
Begun under the Spanish occupation at the end of the XVI century,
it was finished in 1636 under Richelieu.

63. Ile de Groix. Le petit village de Locqueltas, sur la côte sud.

63. Isle of Groix. The little village of Locqueltas, on the southern coast.

64. *La campagne bretonne.*
64. *The Breton countryside.*

colonnes torses, décors compliqués, trompe-l'œil, grouillement de personnages, abondance d'objets allégoriques, grappes de raisin, végétaux divers, fleurs, épis de blé, le tout recouvert de peinture violente ou de feuilles d'or. A observer ces retables, on ne sait plus où on en est, où se trouve le réel, où se trouve l'imaginaire. Et cela est bien caractéristique de l'esprit breton, toujours prêt à refuser la distinction manichéenne et primaire entre le vrai et le faux, entre la lumière et les ténèbres, entre la vie et la mort. Là encore, l'art baroque breton témoigne d'un état d'esprit, d'un véritable système de pensée, d'une spiritualité toujours greffée sur un éternel devenir, en un mouvement perpétuel de l'univers des êtres et des choses.

Ce caractère baroque, on ne peut que le retrouver dans ces ensembles assez curieux et spécifiques du nord-ouest de la Bretagne : les « enclos paroissiaux ». Il s'agit de groupes architecturaux parfaitement homogènes et répondant à un plan concerté : autour de l'église, se trouvent réunis et clos par des murs un cimetière, un calvaire à plusieurs étages, un ossuaire monumental chargé de sculptures et surmonté de clochetons, une chaire extérieure et parfois une fontaine surmontée d'un auvent décoré. On accède à cet ensemble par un porche triomphal, et l'on ne peut pénétrer dans l'église qu'en passant par le cimetière : cela n'est pas sans raison. En effet, tout, dans ces ensembles, dénote la volonté d'établir un lien entre le monde visible et le monde invisible, entre le monde des morts et le monde des vivants : il n'y a pas deux mondes, en réalité, il n'y en a qu'un seul, mais à deux visages. Souvenons-nous de ce que disent certaines personnes, en Bretagne, quand ils apprennent la mort de quelqu'un : « Il a attrapé l'*autre moitié*. » Cela corrobore ce que l'on sait, par les auteurs de l'Antiquité classique, de la croyance druidique la plus essentielle : « La mort n'est que le milieu d'une longue vie. » Et toutes les légendes de la tradition celtique affirment que l'autre monde n'est pas dans les espaces du ciel, ni dans les profondeurs de la terre : il est là, à côté de nous, toujours présent, visible seulement de ceux qui ont le *don de double vue*. Mais si l'on en croit Anatole Le Braz, tous les Bretons ont ce « don de double vue » parce qu'ils ont eu la chance de passer « en terre bénite et d'en sortir avant d'être baptisés ». Curieuse histoire, et qui vaut la peine d'être citée :

« Un enfant vient de naître, raconte Le Braz. Le *recteur,* que l'on est allé trouver, a fixé l'heure du baptême. Mais vous savez comme les gens de la campagne sont peu exacts. Père et matrone (une parente qui s'occupe de l'enfant, puisque la mère n'est pas encore *relevée*), parrain et marraine flânent en chemin, s'attardent aux auberges, s'il y en a sur la route (et il y en a souvent !), n'arrivent au bourg que longtemps après l'heure convenue. Le prêtre s'est lassé de les attendre vainement, ou a été appelé par quelque autre devoir de son ministère. Nos gens se rendent au porche, trouvent l'église déserte. A leur tour de s'y morfondre. Il n'y fait pas chaud. La matrone déclare que si l'on reste là, le nouveau-né risque d'"attraper sa mort". On gagne quelque endroit mieux abrité, l'auberge la plus voisine. On y patiente, en vidant chopines, jusqu'au retour du prêtre. L'enfant a passé au cimetière, terre bénite, et en est sorti sans avoir été fait chrétien. Il aura le don de *voir*. »

Et Le Braz conclut en remarquant que de tels faits se produisent assez fréquemment. « De là vient que tant de Bretons ont la faculté de voir ce qui reste invisible aux yeux de la plupart des hommes. » Tout cela est plaisamment dit. Mais les « enclos paroissiaux » ne sont pas autre chose que la fixation dans la pierre de cette métaphysique des peuples celtes et des Bretons en particulier. Ils ont tous, ou presque tous, de *don de voir* que le sacré et le profane constituent une seule et même réalité.

L'art breton, qu'il soit mégalithique, qu'il soit roman, qu'il soit gothique, qu'il soit baroque, traduit toujours ces mêmes pré-

65. *Dans le golfe du Morbihan.*
65. *In the Gulf of Morbihan.*

66. Josselin. Le château, bâti sur les bords de l'Oust.

66. Josselin. The château, built on the banks of the Oust.

67. Le château de Trécesson (XVe s.) entouré de son étang.
67. The château of Trécesson (XV century) surrounded by its pond.

Rochefort-en-Terre. Vieilles demeures et maisons anciennes (XVIe et XVIIe s.). 68 ▶
Rochefort-en-Terre. Old dwellings and old houses (XVI and XVII centuries). 68 ▶

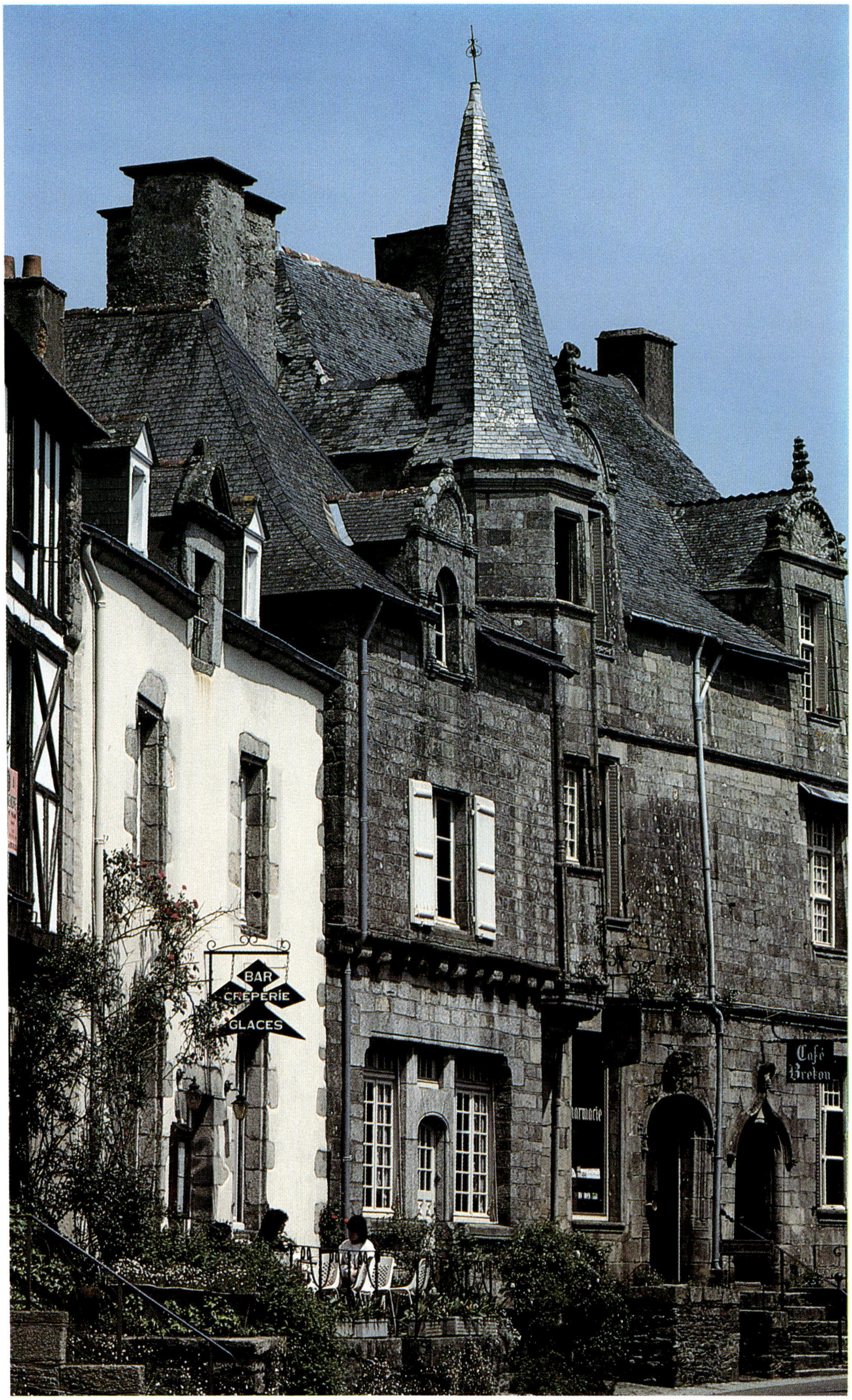
BAR
CRÊPERIE
GLACES
Café Breton

occupations fondamentales. Ce n'est pas un art réaliste. Comment pourrait-il l'être dans un pays où la nature est si ambiguë, où la lutte entre la terre et la mer est quotidienne, où le vent et le soleil font éclater les pierres ? Ce qu'on ne sait pas toujours, c'est que le surréalisme a pris naissance en Bretagne, à Nantes plus précisément, dans cette zone intermédiaire entre la terre et la mer, lorsque André Breton, lui-même d'origine bretonne, redécouvrit la poésie d'Arthur Rimbaud dans ce mystérieux paysage Pommeraye qui constitue un des hauts lieux de Nantes et de la Bretagne. Et le peintre Yves Tanguy, l'un des plus éminents parmi les artistes surréalistes, n'était-il pas authentiquement breton ? N'a-t-il pas, dans ses tableaux, rendu compte de cette *irréalité* ou de cette *surréalité* du paysage breton ? Au risque de choquer, on peut affirmer sans crainte que le surréalisme, avec la part qu'il donne au rêve contrôlé, avec sa propre logique qui est une paralogique à la mode des anciens Celtes, est l'aboutissement, au XXe siècle, de cette mentalité bretonne toujours tournée vers l'impossible, et persuadée, pour reprendre le mot de Jean-Jacques Rousseau, « qu'il n'y a rien de plus beau que ce qui est impossible ». Rendre possible ce qui est impossible. C'est la gageure bretonne par excellence. Et cela, les écrivains de la Bretagne ont mis tout en œuvre pour y parvenir, qu'ils soient d'expression bretonne ou d'expression française.

Certes, il n'y a pas de littérature d'expression bretonne avant le XVIe siècle. Mais cela ne veut pas dire qu'elle n'existait pas sous forme orale. En tout cas, les manuscrits gallois, qui datent du début du Moyen Age, en portent témoignage puisque, jusqu'au XIe siècle, la langue bretonne et la langue galloise faisaient partie d'un même ensemble linguistique. D'ailleurs, les œuvres littéraires françaises que l'on connaît sous le nom de *Romans de la Table ronde* apportent, elles aussi, la preuve de l'existence d'une tradition bretonne. Et que dire des célèbres *Lais* de Marie de France, poétesse du XIIe siècle, qui, de l'aveu de l'auteur, sont des adaptations de contes oraux récités par les bardes armoricains ? La « matière de Bretagne » s'est répandue dans toute l'Europe, au Moyen Age, et a provoqué l'éclosion d'une littérature dont on n'a pas fini de recenser les retombées. C'est dire la richesse du contenu culturel breton et l'impact qu'il a pu avoir, même si les œuvres originales manquent, perdues qu'elles sont dans le vent de l'oralité.

Le plus ancien texte en breton-armoricain date des environs de l'an 1450. Il s'agit d'une sorte de « chant royal », un dialogue entre le roi Arthur et un prophète du nom de Guinglaff, dont la valeur littéraire est nulle, mais qui est assez curieux. A la fin du XVe siècle, la *Buhez santez Nonna* (« Vie de sainte Nonne ») est la première d'une longue série de poèmes hagiographiques dont la veine se poursuivra jusqu'à la Révolution. Il y eut aussi des drames liturgiques, adaptations des « passions » ou des « miracles » de la littérature française, mais aussi des œuvres plus originales comme le *Mystère de saint Gwennolé* dans lequel apparaît pour la première fois le thème de la ville d'Is. Mais jusqu'à la fin du XVIIIe siècle, cette littérature en langue bretonne ne dépasse guère la chronique locale ou l'ouvrage de piété le plus conformiste. Si ces textes intéressent à juste titre les linguistes, ils ne font guère la joie de ceux qui aiment la littérature.

Il faut attendre le début du XIXe siècle pour retrouver une spécificité celtique dans les textes de la langue bretonne. En 1807, Le Gonidec publie une *Grammaire celto-bretonne* dans laquelle il propose une réforme de l'orthographe, un retour à une syntaxe vraiment celtique et l'élimination des mots français du vocabulaire courant. De cette date, et aussi de 1821, quand Le Gonidec publie son *Dictionnaire celto-breton*, procède la fameuse renaissance celtique du XIXe siècle. Le poète lorientais Auguste Brizeux, en plus de son œuvre française, publie des poèmes en breton intitulés *Telenn Arvor* (« La Harpe d'Armorique »)

69/70. Presqu'île de Quiberon. Le château de la Mer et le littoral est.
69/70. The Quiberon peninsula. The château of the Sea and the eastern coast.

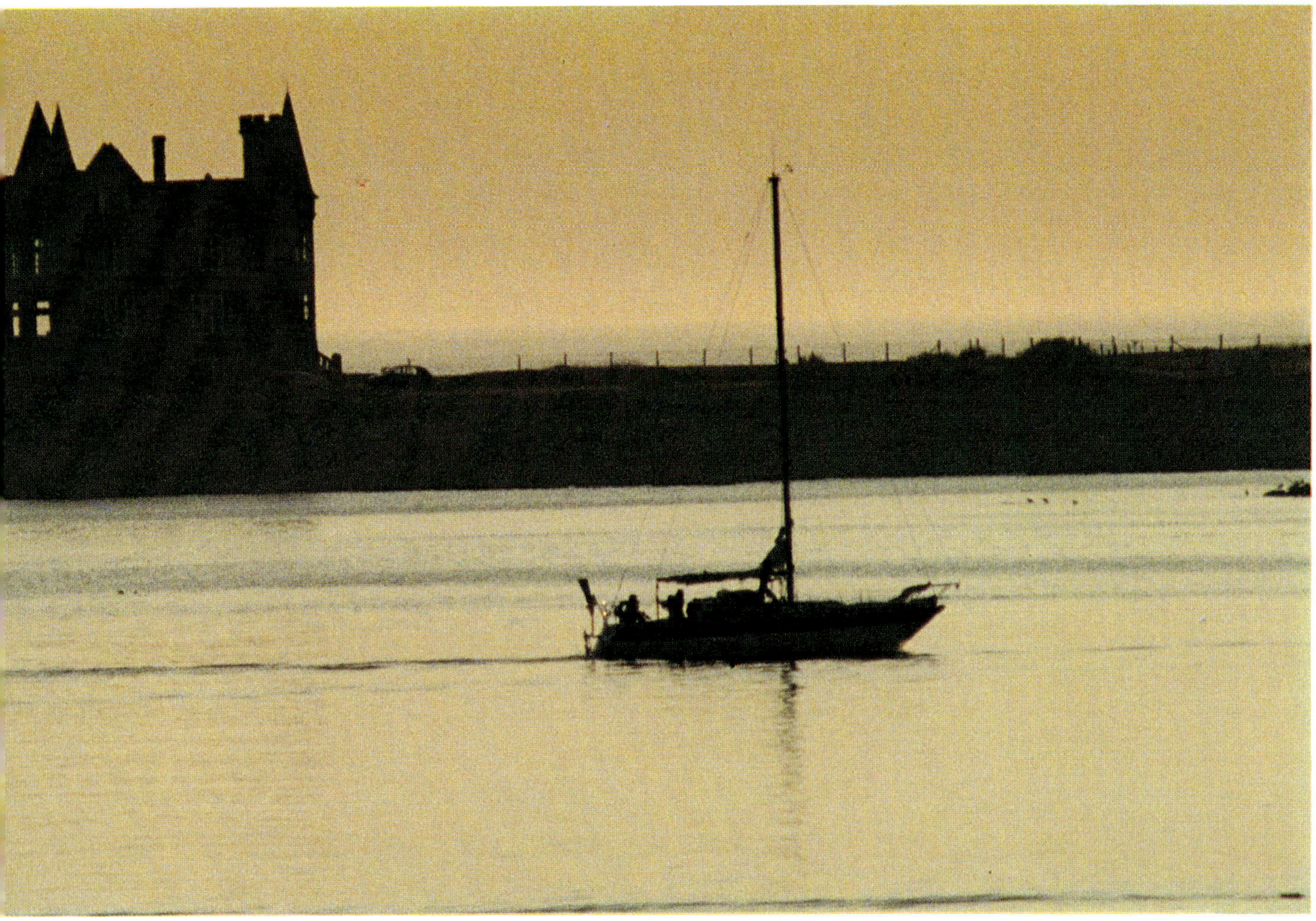

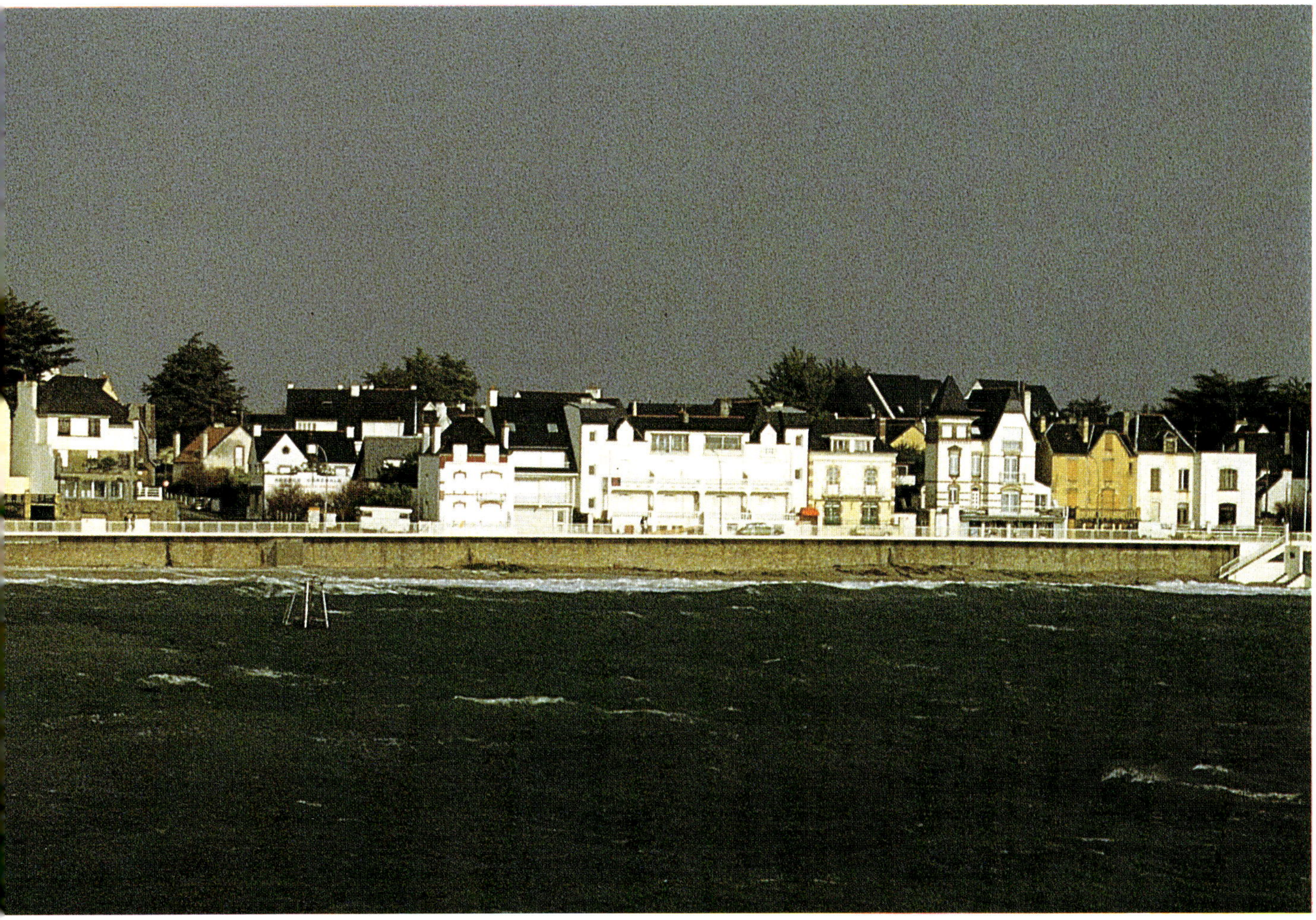

71. Presqu'île de Quiberon. La Côte Sauvage.
71. Quiberon peninsula. The Côte Sauvage (Wild Coast).

72/73. Carnac. Les alignements de Kermario.

72/73. Carnac. The rows of stones of Kermario.

74. *The château of Suscinio (XIII century).*

75. *La Trinité-Sur-Mer. Port de plaisance.*
75. *La Trinité-sur-Mer. The marina.*

et *Furneiz Breiz* (« Sagesse de Bretagne »). Et surtout, un poète érudit, Hersart de La Villemarqué, fait paraître en 1839 une œuvre capitale qui sera en quelque sorte la « bible » de toute la littérature bretonne moderne en même temps que le point de départ de toutes les études celtiques, le *Barzaz-Breiz,* recueil de chants populaires armoricains.

Le *Barzaz-Breiz* se présentait en effet comme une somme de chants répandus dans le peuple, toujours en usage mais remontant aux origines les plus lointaines de la Bretagne. L'ouvrage eut un vif succès auprès des lettrés, mais on s'aperçut bien vite qu'il s'agissait surtout d'une création poétique originale faite par La Villemarqué d'après des bribes de chansons et des souvenirs littéraires, un peu comme avait procédé, à la fin du XVIIIe siècle, l'Écossais Macpherson avec ses fameux poèmes ossianiques. Quoi qu'il en soit, et malgré toutes les querelles qu'elle a suscitées, l'œuvre existe, et elle témoigne d'une volonté de retrouver les sources vives d'une tradition bretonne authentique. A partir de là, de nombreux folkloristes, comme François-Marie Luzel, se sont mis en quête de tout ce qui demeurait encore de la littérature orale en langue bretonne, et d'autres écrivains, généralement des poètes, encouragés par cet illustre exemple, ont contribué à une réelle renaissance celtique dans la péninsule. Certains de ces poètes, comme le Trégorois Narcisse Quellien, qui fut un ami de Renan, et le Vannetais Jean-Pierre Calloc'h, dit *Bleimor,* ont atteint une certaine notoriété en publiant des œuvres qui ne manquent pas d'intérêt. Quant à Yves Berthou, natif de Pleubihan (1861-1933), l'un des fondateurs de l'Union régionaliste bretonne, il eut le mérite d'être parmi ceux qui reconstituèrent le *Gorsedd,* c'est-à-dire le Rassemblement des druides, bardes et ovates de Bretagne, à l'imitation de ce qui avait été fait depuis un siècle au pays de Galles. Ce « collège druidique », qui se perpétue, est l'un des pôles de la recherche celtique en Bretagne.

Ce courant littéraire « bretonnant » se maintient, même si sa notoriété ne dépasse pas un cercle restreint de lettrés et de passionnés. Roparz Hémon, auteur d'une grammaire bretonne qui fait autorité, et d'un précieux dictionnaire, a été également l'animateur de la revue littéraire *Gwalarn.* Le Vannetais Loeiz Herrieu s'est consacré à la langue de son pays dans sa revue *Dihunamb.* Le Léonard Tanguy Malmanche, dont les œuvres ont été publiées en traduction française, a été un remarquable conteur et un dramaturge inspiré. Le peintre et romancier Xavier de Langlais, originaire du Vannetais, a écrit un étrange roman de science-fiction, *L'Ile sous cloche,* roman traduit également en français et largement diffusé. Pierre-Jakez Hélias, natif du pays bigouden, est un remarquable conteur, un poète inspiré, un excellent dramaturge et un universitaire distingué. Mais sait-on que le best-seller *Le Cheval d'orgueil* a d'abord été écrit en breton avant d'être traduit en français ? Actuellement, de nouvelles générations d'écrivains bretons apparaissent, et il ne fait aucun doute que la littérature en langue bretonne, même si sa portée reste limitée, sortira enrichie des nouvelles tendances qui se font jour.

Il y a aussi la littérature bretonne en langue française. Elle est évidemment plus accessible et mieux connue. On oublie peut-être que Le Sage (1668-1747), natif de Sarzeau (Morbihan) et auteur du fameux roman *Gil Blas de Santillane,* était un authentique Breton, et que l'un des ennemis de Voltaire, Élie-Jean Fréron (1718-1776), était natif de Quimper. Certes, tout le monde sait que Chateaubriand (1768-1848), né à Saint-Malo, en Haute-Bretagne, descendait d'une très ancienne famille de Basse-Bretagne qui prétendait compter le fameux roi Murman (Morvan) parmi ses ancêtres. L'œuvre de François René de Chateaubriand est immense : elle se présente en fait comme une gigantesque épopée – dont l'auteur est le héros – toute pénétrée de rêves et de souvenirs de la tradition celtique, où la

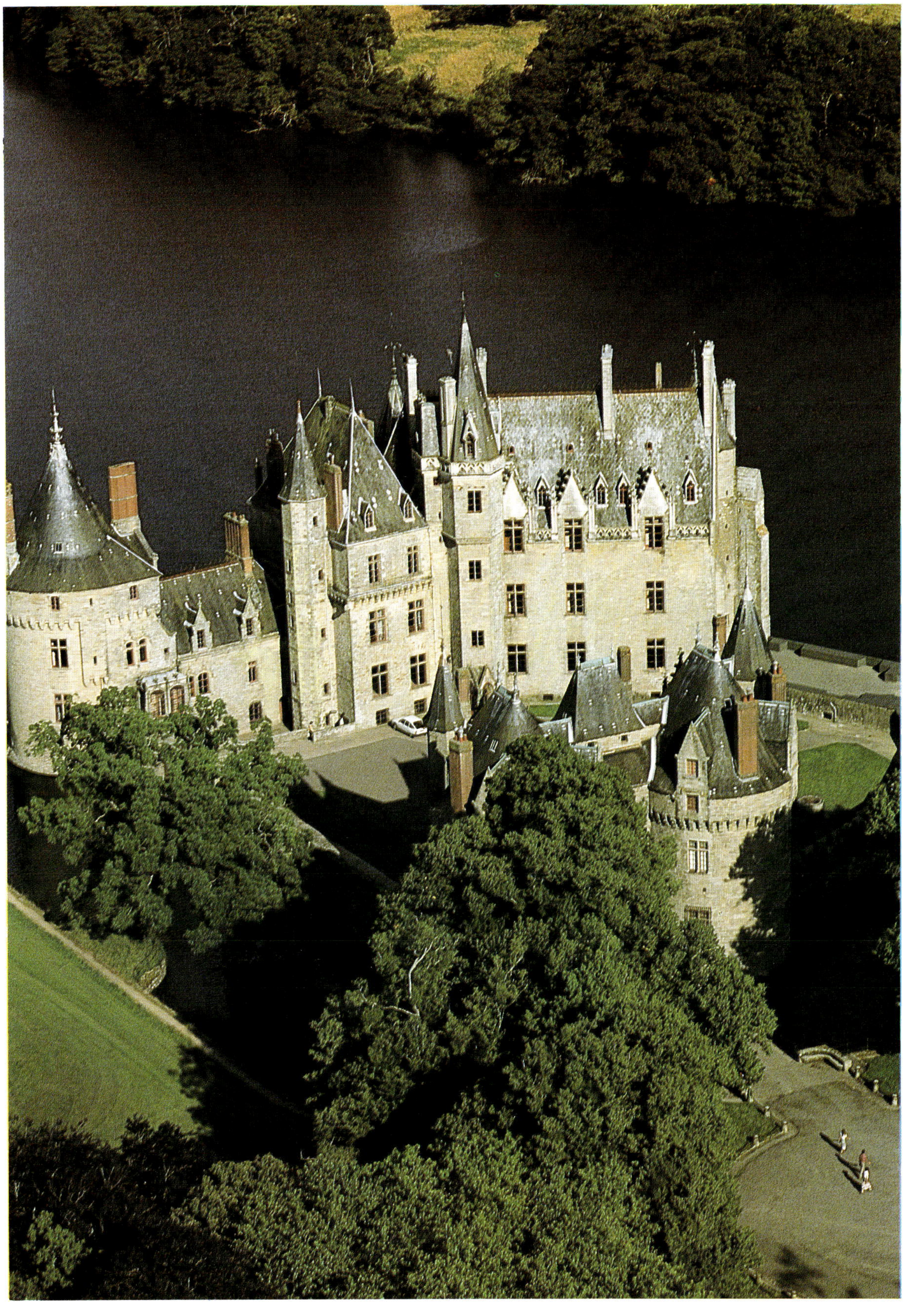

77. Vannes. Les remparts et les lavoirs.

77. Vannes. The ramparts and the public washing places.

◄ 76. Le château de la Bretesche (XVᵉ s.)

◄ 76. The château of the Bretesche (XV century).

78. Vannes. La cathédrale Saint-Pierre.
78. Vannes. The Saint-Pierre cathedral.

Régates dans le golfe du Morbihan. 79 ▶

Regattas in the Gulf of Morbihan. 79 ▶

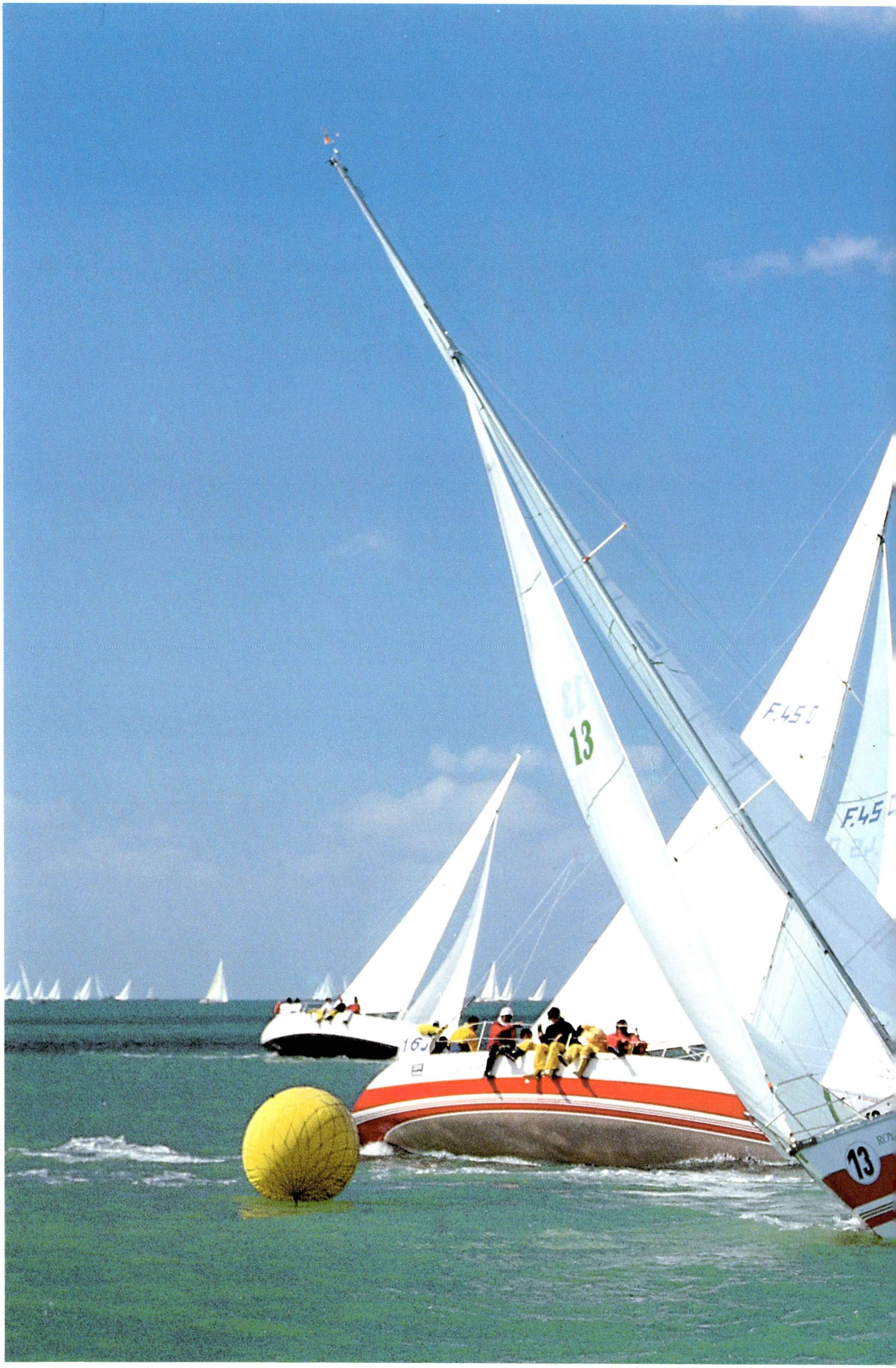
13
F.45 D
F.45 D
13

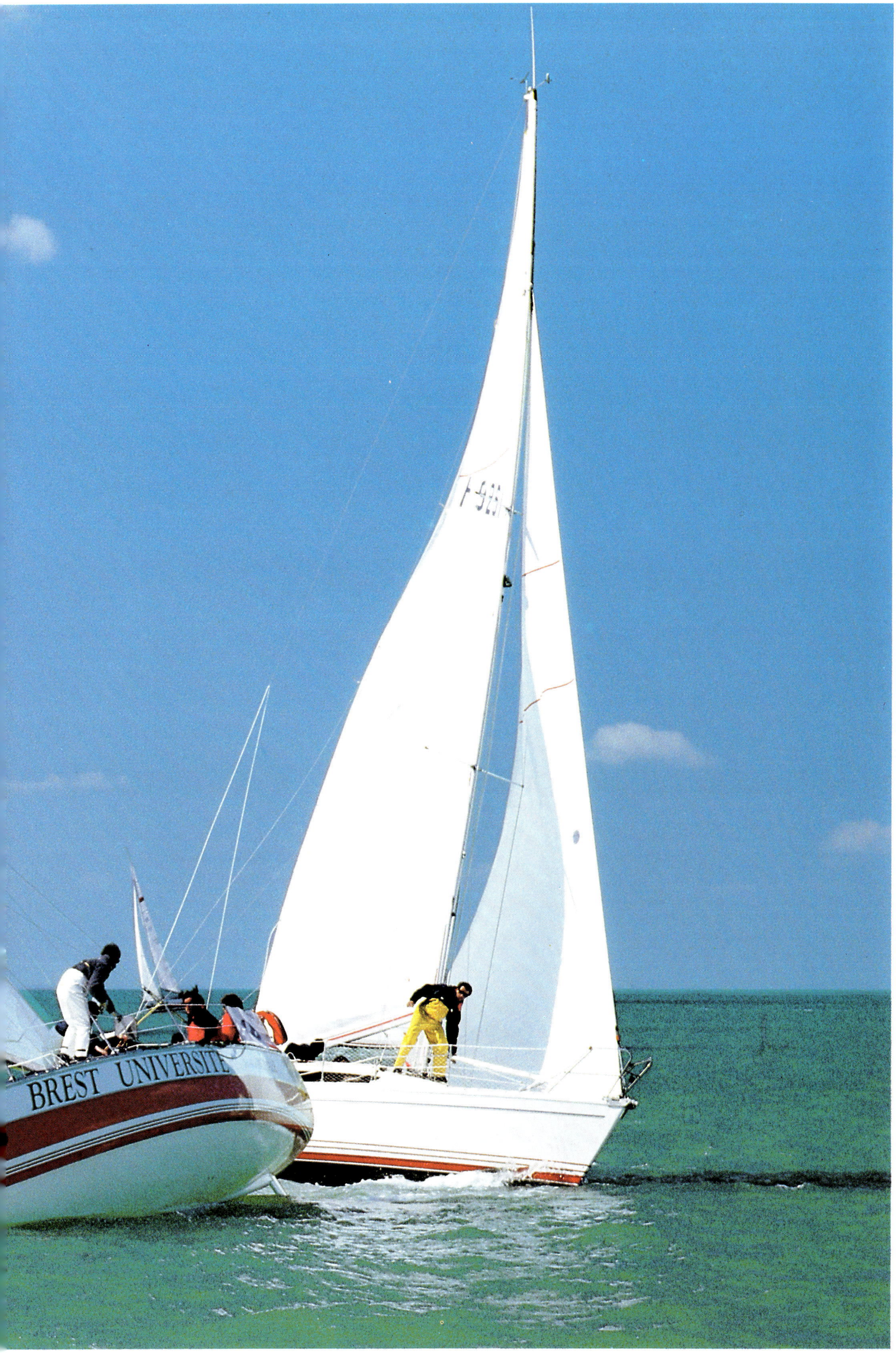
BREST UNIVERSITE

80. Belle-Ile. Les aiguilles de Port-Coton.
80. Belle-Ile. Needle rocks of Port-Coton.

81. Belle Île en Mer. Le Palais, ville et port.

81. Belle-Ile-en-Mer. The Palace, city and port.

82. Belle Île en Mer. L'ause de Goulphar.

82. Belle-Ile-en-Mer. The cove of Goulphar.

*83. Le Pouliguen. Le port de plaisance. Séparé de La Baule par un pont de pierre de cinq arches
qui franchit un « étier » alimentant les marais salants,
Le Pouliguen est à la fois un port de pêche et une station balnéaire familiale.*

83. Le Pouliguen. The marina. Separated from La Baule by a stone bridge with five arches
spanning a canal which feeds the salt marshes,
Le Pouliguen is both a fishing port and a family seaside resort.

beauté du langage et la puissance de l'imaginaire atteignent des sommets rarement égalés. Chateaubriand est assurément l'un des plus grands écrivains bretons – et celtes – qui aient jamais existé.

Parmi la génération romantique, en dehors de Brizeux (1803-1858), qui a écrit aussi bien en français qu'en breton, il faut signaler l'incomparable Félicité de Lammenais, natif de Saint-Malo (1782-1854). Plus tard, vers le milieu du siècle, sont apparus de brillants écrivains tous plus ou moins redevables à La Villemarqué de leur enthousiasme pour la Bretagne. Des folkloristes comme Émile Souvestre, François-Marie Luzel et Gabriel Milin redonnèrent vie aux contes traditionnels. Paul Féval, natif de Rennes (1817-1887), écrivait lui aussi des contes d'après la tradition populaire, mais il est surtout connu comme auteur de romans de cape et d'épée, dont le plus célèbre est *Le Bossu*. Le Morlaisien Tristan Corbière (1845-1875), auteur des *Amours jaunes*, est un poète d'une intensité extraordinaire et qui est tout à fait comparable à un Verlaine ou à un Rimbaud. Ernest Renan, né à Tréguier (1823-1892), fut un écrivain de renommée mondiale : ses *Souvenirs d'enfance et de jeunesse* sont un véritable chant de gloire pour sa patrie bretonne, et il a marqué toute une génération du sceau de son étrange personnalité.

Le XXe siècle a vu l'éclosion d'une littérature bretonne en langue française particulièrement féconde. Avec Charles Le Goffic, ce sont des romans et des évocations un peu naïves d'une Bretagne traditionnelle. Avec Anatole Le Braz, disciple de Renan et originaire de Haute-Cornouaille, nous sommes en présence d'un authentique écrivain qui a cherché à transcrire le plus fidèlement possible les caractères essentiels de son pays, à la fois dans ses poèmes, dans ses contes et dans ses recueils de traditions populaires. Joseph Loth, originaire de Guémené-sur-Scorff, professeur au Collège de France, fut un remarquable celtisant et demeure l'inoubliable traducteur des *Mabinogion*, ces récits gallois de la tradition archaïque commune aux Bretons et aux Gallois.

Deux poètes bretons ont marqué la littérature de la première moitié du XXe siècle. Le Quimpérois Max Jacob († 1944) a donné une œuvre colorée et pittoresque où les références à l'Armorique ne manquent pas. Dans un autre genre, André Breton († 1966), fondateur du mouvement surréaliste, a exercé sur les lettres et les arts une influence prépondérante, et son œuvre, en vers comme en prose, porte la marque de son attachement profond pour la Bretagne et les pays celtiques. Il ne faudrait pas oublier non plus deux des compagnons d'André Breton, Benjamin Péret, natif de Rezé-lez-Nantes, dont l'humour grinçant démythifie la société contemporaine, et Jacques Baron, un Lorientais qui poursuit en solitaire une carrière poétique comme un navigateur sur l'océan. Et c'est également un solitaire que René-Guy Cadou, prématurément disparu, dont l'œuvre poétique est constamment imprégnée de l'atmosphère de sa Brière natale. *La Grande Brière,* c'est précisément le titre et le sujet du roman d'Alphonse de Châteaubriant, ouvrage remarquable par la sobriété et la justesse de ton, et parfaitement imprégné d'un pays dont la magie n'est plus à décrire.

Les générations nouvelles d'écrivains continuent à s'alimenter à la source vive de la Bretagne. Louis Guilloux et Jean Guehenno, qui sont devenus des classiques, ont solidement ancré leur œuvre sur leur terre d'origine. Dans un tout autre genre, le poète Louis Guillaume n'a jamais oublié qu'il était enfant de l'île de Bréhat, et l'« écorché vif » Xavier Grall, trop tôt disparu, a évoqué, en des pages brûlantes de fièvre, cette âme bretonne errant à travers les landes et les rivages de la péninsule. Dans ce domaine, Yves Elléouët, héritier du surréalisme, s'est égaré très loin dans les domaines mystérieux où rêve et réalité se confondent. Et dans un cadre plus restreint, celui des sciences humaines, Léon Fleuriot, lui aussi trop tôt disparu, a contribué par ses

84. Le Croisic. Le port que domine la tour-lanterne (XVIIe s.) de l'église Notre-Dame-de-Pitié.
84. Le Croisic. The port overlooked by the lantern tower (XVII century) of the Notre-Dame-de-Pitié church.

Presqu'île de Guérande. Les marais salants. 85 ▶

The Guérande peninsula. Salt marshes. 85 ▶

Presqu'île de Guérande. Un paludier recueillant le sel à l'aide du « las » (grand rateau plat). 86 ▶

The Guérande peninsula. A worker gathers salt by using a «las» (large flat paddle). 86 ▶

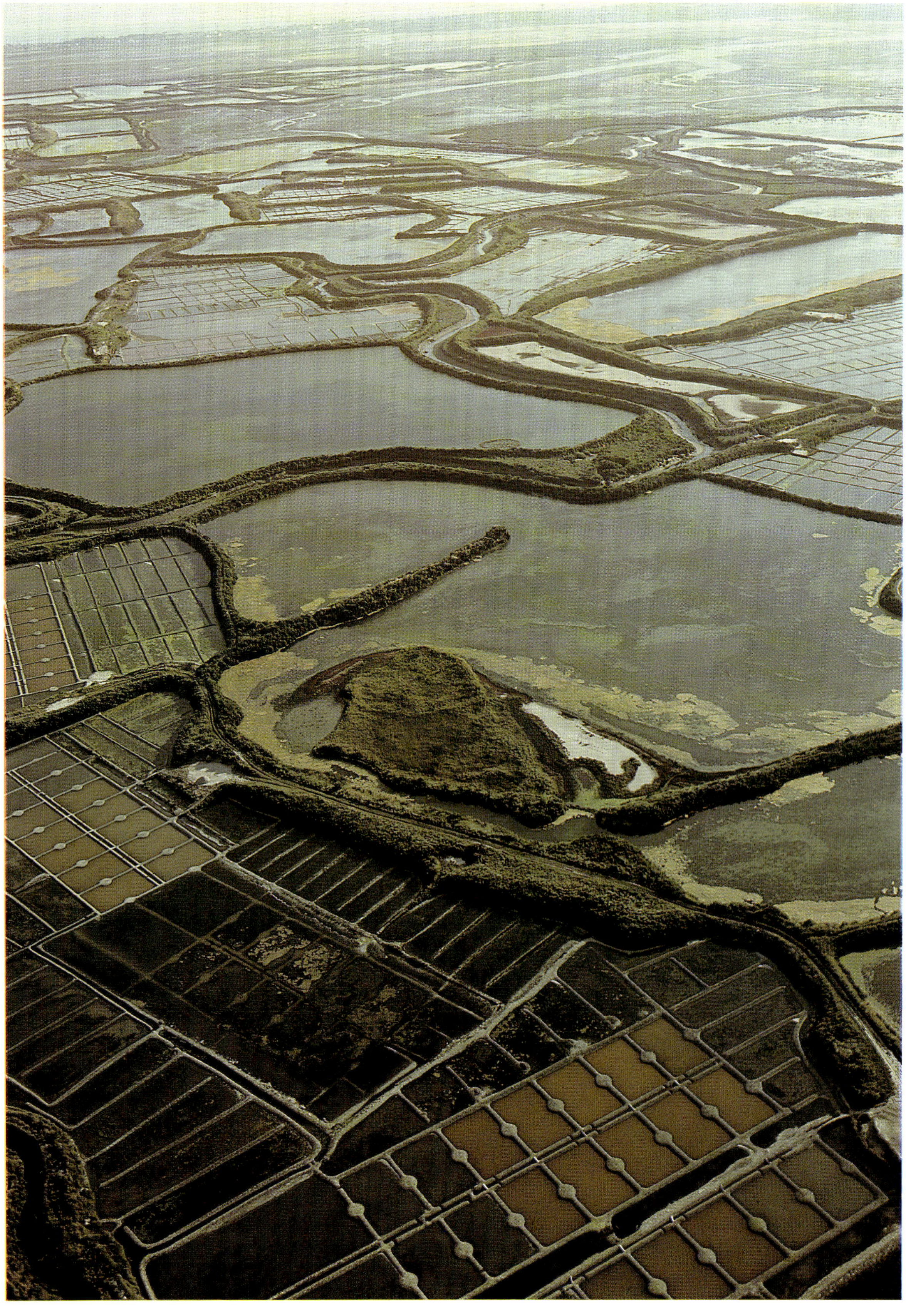

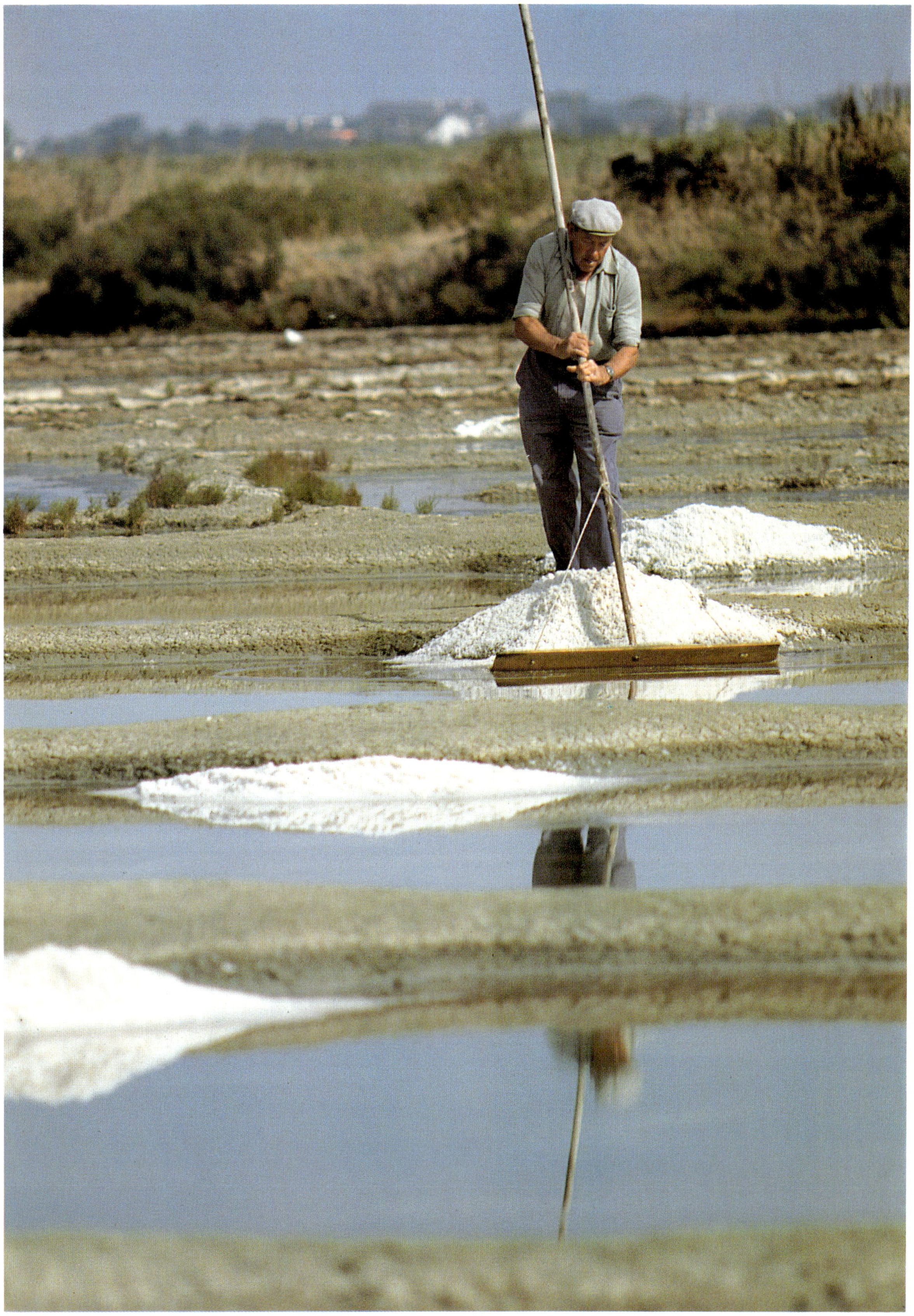

87. Le pont de Saint-Nazaire sur l'estuaire de la Loire.
87. The port of Saint-Nazaire on the estuary of the Loire.

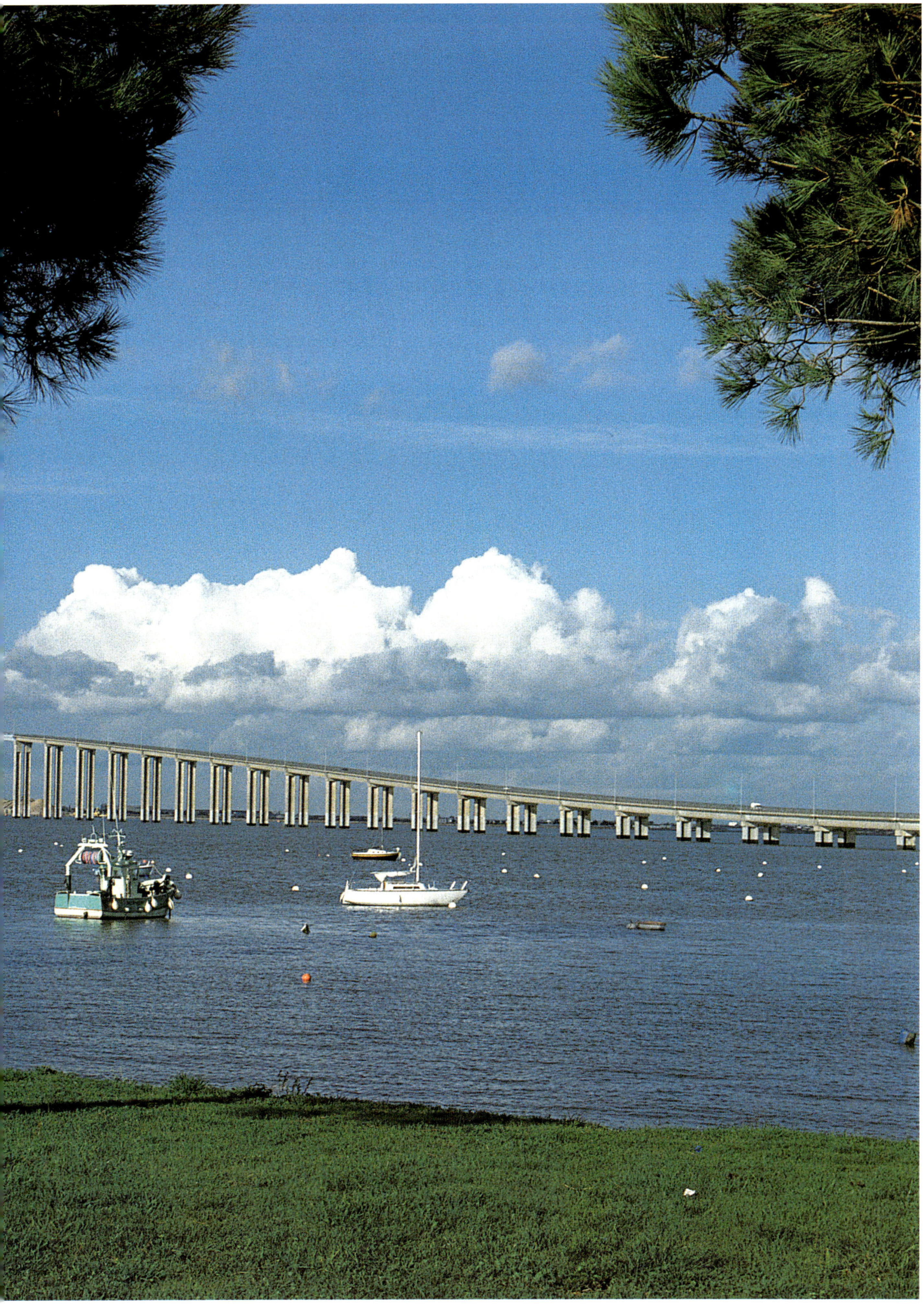

recherches et sa vaste érudition à faire surgir le plus lointain passé authentique de la Bretagne.

La vie intellectuelle, chez les Bretons, est l'image des flots qui entourent la péninsule : toujours en mouvement. Le poète Eugène Guillevic, originaire de Carnac, fait résonner dans ses vers les accents rocailleux mais limpides d'un chant d'homme face à une nature triomphante. Le romancier Léonard Henri Queffelec s'est fait le chantre des humbles, paysans ou aventuriers de la mer, grands saints et grands pêcheurs. Son fils Yann Queffelec, s'il ne puise pas directement son inspiration dans la Bretagne, ne s'en éloigne guère par sa puissance d'évocation. Hervé Bazin, dans ses nombreux romans, se souvient que le pays de sa mère est Bieuzy-Lanvaux : que d'évocations du terroir breton dans son œuvre ! Le rapport est certes plus direct chez Yann Brékilien : il restitue fidèlement les paysages et les coutumes à toutes les époques de l'histoire bretonne et plonge parfois dans un passé révolu où les Celtes dominaient l'Occident. Charles Le Quintrec, lui, bâtit toute son œuvre sur l'évocation de son pays d'enfance, ce pays de Vannes aux ombres mystérieuses, à travers les haies vives et les chemins creux. Jean-Pierre Letort-Trégaro fait de même, mais pour le pays « gallo », hanté également par la grande épopée des temps anciens. Antony Lhéritier et Gérard Le Couic murmurent des poèmes chargés de sel et d'espoir. Yvon Le Men chante ses chants de gorge, tandis que Glenmor hurle dans le vent ses imprécations bardiques. Assurément, la littérature bretonne d'expression française ne manque pas de souffle...

Cette activité intellectuelle témoigne de la vitalité de la Bretagne, et aussi de sa force. Ce pays a toujours suscité des saints et des héros en tous genres, même aux pires moments de son Histoire. Car cette Histoire, fort longue, a été passablement mouvementée.

C'est pendant l'Empire romain que les premiers Bretons, venus de l'île de Bretagne, s'installèrent sur la péninsule armoricaine. Ils retrouvaient là des gens qui avaient la même origine qu'eux, mais qui avaient été davantage romanisés et qui avaient perdu l'usage de la langue gauloise. Ces nouveaux arrivants, encouragés par les autorités impériales, étaient chargés de défendre la péninsule contre les incursions de plus en plus nombreuses des pirates saxons. Et, par la suite, au Ve et surtout au VIe siècle, les Bretons déferlèrent sur l'Armorique, fuyant l'île de Bretagne envahie par les Angles, les Saxons et les Jutes. Des tribus entières émigrèrent ainsi sur le continent et firent souche dans ce qui allait devenir la Bretagne, surtout sur les côtes septentrionales et dans la partie occidentale. D'abord inorganisés, ces établissements — caractérisés par le préfixe breton *tré-* qui signifie habitation (comme dans Trébeurden ou Tréhorenteuc) — se groupèrent bientôt en entités religieuses et administratives, les fameux *plous* qui sont réellement à l'origine de la constitution de l'État breton. La plupart des émigrants venaient du sud-ouest de l'Angleterre actuelle. Par la suite, il en vint beaucoup du pays de Galles, devenu invivable à cause de sa surpopulation, et ces derniers émigrants s'installèrent surtout dans le Vannetais. Les Bretons avaient apporté leur langue, le « brittonique » insulaire, qui, bientôt, évolua différemment du gallois *(cymraeg)* et devint le breton-armoricain *(brezhonneg)*. Mais ils apportèrent aussi leurs coutumes, leurs structures sociales, assez différentes de celles qui prévalaient sur le continent. Les Bretons constituèrent de petits royaumes, indépendants les uns des autres, à la tête desquels se trouvaient des chefs élus, mais dans lesquels, à la mode celtique, les abbés des monastères jouaient un rôle considérable. L'idéal celtique ancien était en effet de former une société animée par le druide et le roi : cet idéal se retrouve dans le cadre chrétien avec une sorte de dyarchie constituée par le roi et l'évêque-abbé.

Cependant, la région de Rennes et celle

88. Batz-sur-Mer.

88. Batz-sur-Mer.

*89. La Grande Brière. Couverte d'anciens marais plus ou moins colmatés
et transformés en prairies tourbeuses, cette région est renommée pour la pêche et la chasse.*

*89. La Grande Brière. Covered by former marshes more or less drained
and transformed into prairies, this region is known for fishing and hunting.*

90. *La Grande Brière. Maison typique de la région : basse, blanchie à la chaux et couverte d'un toit de chaume (ou de roseaux).*

90. *La Grande Brière. A typical house of the region: low, whitewashed and covered with a thatched roof (or with reeds).*

91. Saint-Nazaire. Les installations portuaires. Déchargement de céréales.
91. Saint-Nazaire. Port facilities. Unloading grain.

92. Nantes. Le château des ducs de Bretagne. Les douves, le pont qui rejoint l'ancien pont-levis et les tours massives encadrant l'entrée du château.

92. Nantes. The château of the Dukes of Brittany. The moats, the bridge which links the former drawbridge and the massive towers frame the entrance to the château.

93. Nantes. Vue aérienne. A gauche, le château. A droite : la cathédrale Saint-Pierre et Saint-Paul.
93. Nantes. Aerial view. To the left, the château. To the right: the Saint-Pierre and Saint-Paul cathedral.

94. Nantes. Situé à proximité du centre actif de la ville, le passage Pommeraye est une galerie vitrée datant du milieu du XIXe s.
94. Nantes. Situated near the active city center, the Pommeraye gallery with its glass roof dates from the middle of the XIX century.

95. Redon. Liaison entre la Vilaine et le canal de Nantes à Brest,
la ville, port fluvial et centre agricole, est renommée pour sa Foire aux marrons.

95. Redon. A link between the Vilaine and the Nantel canal to Brest,
the city, a river port and agricultural center, is famous for its Chestnut Fair.

96. L'abbaye de Meilleraye. Fondée au XIIᵉ s., rebâtie sous Louis XV, cette abbaye est occupée depuis le début du XIXᵉ s. par les trappistes.

96. The Meilleraye Abbey. Founded in the XII century, rebuilt under Louis XV, this abbey has been occupied since the beginning of the XIX century by Trappist monks.

97. Rennes. Façades place du Champ-Jacquet dans le vieux Rennes.

97. Rennes. Facades in Champ-Jacquet square in old Rennes.

Cette partie de l'ancienne ville a échappé au grand incendie de 1720.
This part of the old city escaped the great fire of 1720.

98. Rennes. Le palais Saint-Georges, ancienne abbaye fondée en 1032 et reconstruite au XVIIe s.

98. Rennes. The Saint-George palace, former abbey founded in 1032 and reconstructed in the XVII century.

99. Rennes. La maison dite de Du Guesclin, rue Saint-Guillaume.

99. Rennes. The house called Du Guesclin, in the rue Saint-Guillaume.

Rennes. La rue Saint-Georges dans la vieille ville. 100 ▶

Rennes. The rue Saint-Georges in the old city. 100 ▶

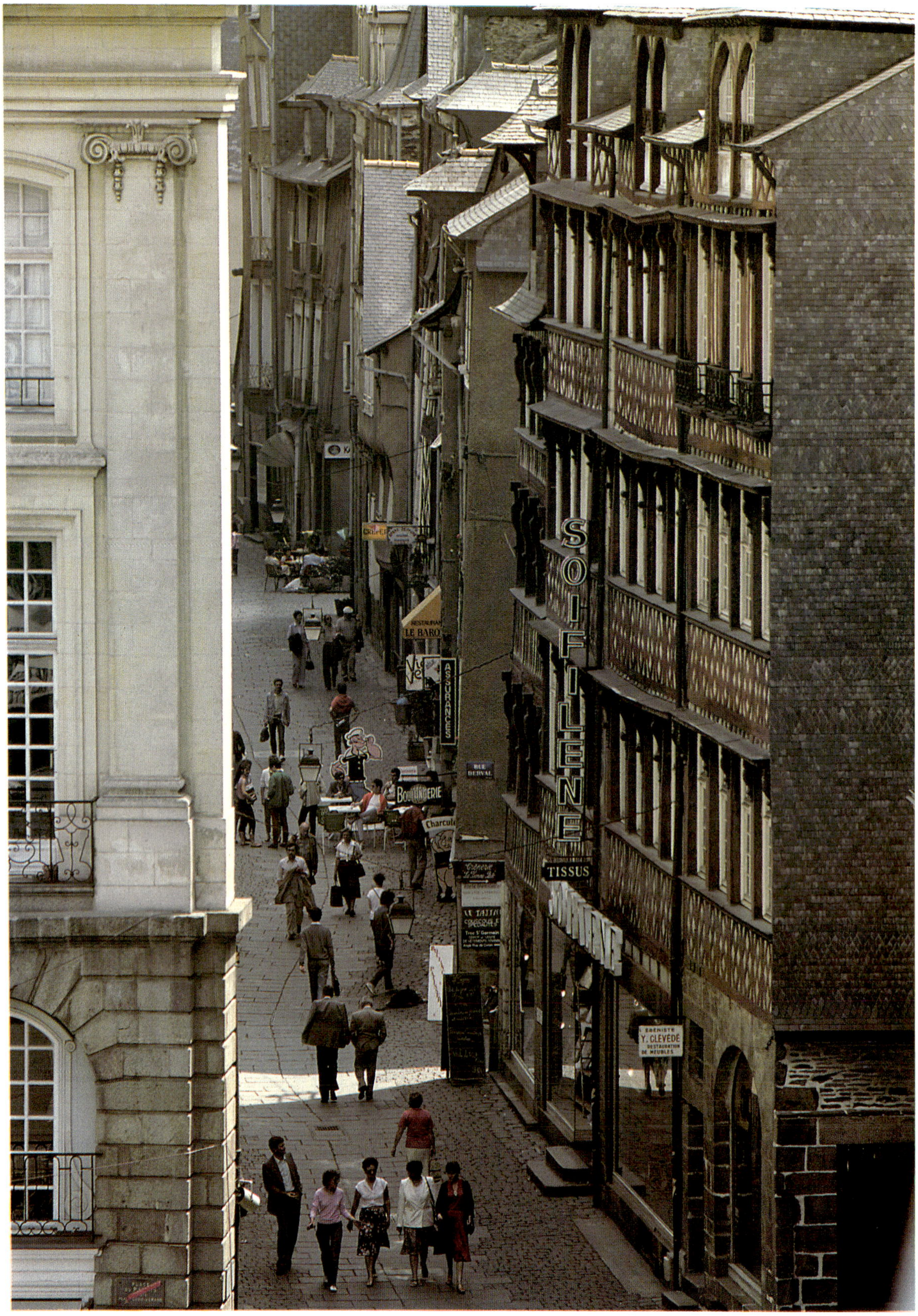
TISSUS
ASSURANCES
BOULANGERIE
Y. CLEVÉDÉ

de Nantes étaient restées en dehors de la bretonnisation. Elles étaient en fait parfaitement gallo-romaines, ou gallo-franques. Le reste du pays fut d'abord partagé en quatre zones principales : au nord de la grande forêt centrale, il y eut la Domnonée entre Dol et Morlaix, et le Léon à l'extrémité occidentale ; au sud, il y eut la Cornouaille, et le Vannetais ou Broérec. Mais les rapports entre les Bretons et leurs voisins les Francs devinrent très tendus. Il y eut de nombreuses batailles frontalières. Le comte Lambert, de Nantes, placé par Louis le Débonnaire comme gardien des marches de Bretagne, fit nommer chef du Vannetais un certain Nominoë (Novenoë), qui gouverna sagement son domaine et fut élu, en 824, duc pour la Bretagne tout entière. Tant que vécut Louis le Débonnaire, Nominoë fut un vassal loyal. Mais à la mort de l'empereur, il commença à agir comme un souverain indépendant. Il reconnut comme suzerain Lothaire, qui avait le titre d'empereur, mais qui avait l'avantage d'être fort éloigné de la Bretagne. Charles le Chauve, à qui était dévolue la partie occidentale de la Gaule, essaya de le ramener à la raison, mais les Francs furent battus à Ballon, près de Redon, le 22 novembre 845. Non content de cette victoire qui lui assurait l'indépendance, Nominoë passa à l'offensive et s'empara de Rennes et de Nantes, atteignant à peu de chose près les limites actuelles de la Bretagne. Le fils et successeur de Nominoë, Ërispoë, lutta lui-même contre Charles le Chauve et obtint de lui la reconnaissance du titre de roi. Son successeur Salaün (Salomon) étendit la domination bretonne sur le Cotentin et dans le Maine, jusqu'aux alentours de Laval. Ainsi était né un puissant royaume de Bretagne.

Mais cette avance des Bretons vers l'est eut des conséquences incalculables. D'une part, la Bretagne devenait un grand État et se structurait en tant que tel. D'autre part, la vie politique du pays, autrefois localisée dans les régions fortement bretonnisées, se déplaçait en zone romane : les deux villes qui allaient devenir les capitales du nouvel État, Rennes et Nantes, n'ont jamais été en territoire bretonnant. C'est dire qu'à partir du Xe siècle, paradoxalement mais logiquement, la Bretagne a commencé à se débretonniser, s'ouvrant largement à l'influence de la langue française. Et les invasions normandes n'ont fait qu'accentuer ce processus, provoquant d'ailleurs une fuite des élites intellectuelles bretonnes, qui, à leur retour, se trouvèrent en grande partie francisées. Ce sera désormais le drame de la Bretagne : sauvegarder son indépendance et sa tradition celtique tout en étant de plus en plus pénétrée par la langue et les coutumes du royaume de France.

Cependant, les Normands furent vaincus et repoussés à Questembert en 890, par Alain le Grand, puis à Trans, en 938, par le petit-fils de celui-ci, Alain Barbetorte, aidé par l'un des moines les plus remarquables de l'époque, Jean Landévennec. La Bretagne perdait ses possessions orientales, mais elle consolidait les limites acquises au temps de Nominoë.

Comme la plupart des coutumes françaises, la féodalité s'installa dans la péninsule et la marqua profondément. Le souverain ne fut plus un roi, mais un duc. Le pouvoir passa à différents membres de la maison de Rennes, puis de la maison de Cornouaille. Réconciliés avec les Normands, les Bretons participèrent activement à la conquête de l'Angleterre entreprise par Guillaume le Bâtard. Les ducs de Bretagne héritèrent ainsi du comté anglais de Richemont, en récompense des services rendus. Mais au cours du XIIe siècle, l'influence des Plantagenêts ne fit que grandir. Lorsque Henry II devint roi d'Angleterre, il eut des visées très précises sur la Bretagne. Comme le duc Konan IV avait abdiqué en faveur de sa fille Constance, Henry II obligea celle-ci à épouser son fils Geoffroy. La Bretagne passait ainsi aux mains des Plantagenêts, déjà maîtres du tiers occidental de la France. Henry II eut d'ailleurs de nombreux démêlés avec son propre fils, et à la mort de celui-ci, en 1186, il administra directement le duché. L'héritier

101. La Roche-aux-Fées. Cette allée composée d'une quarantaine de blocs de schiste pourpre constitue l'un des plus beaux monuments mégalithiques de France.

101. La Roche-aux-Fées. This alley composed of some forty blocks of purple schist constitutes one of the most beautiful megalithic monuments in France.

Fougères. Le château féodal dominant la vallée du Nançon. 102 ▶

Fougères. The feudal château overlooks the Nançon valley. 102 ▶

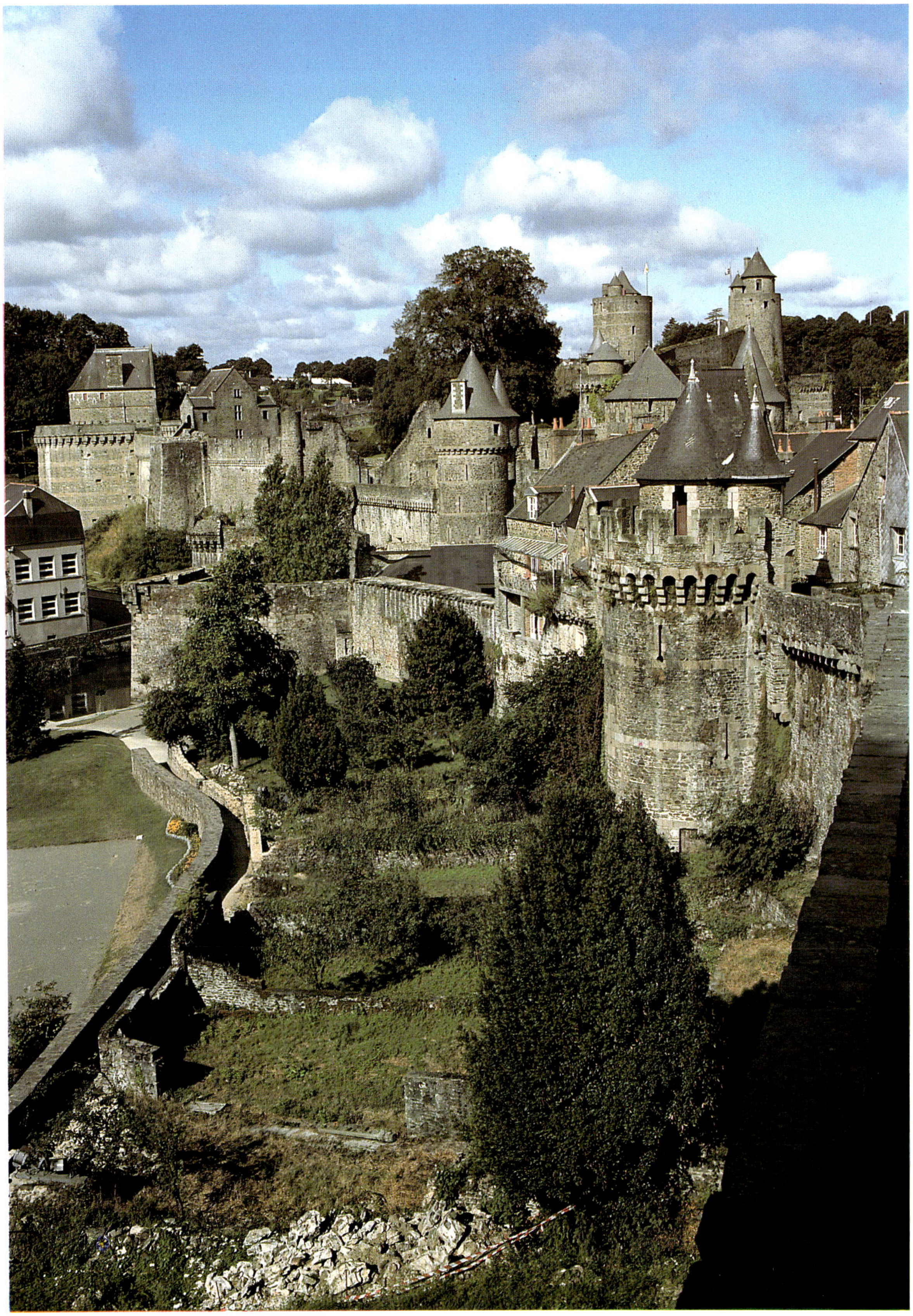

103. Fougères. Le marché aux bestiaux.
103. Fougères. The cattle market.

Vitré. Le château (XIIIe, XIVe, XVe s.). 104 ▶

Vitré. The château (XIII, XIV, XV centuries). 104 ▶

était cependant le fils posthume de Geoffroy et de Constance, le jeune Arthur, alors élevé sous la responsabilité du roi de France, Philippe Auguste. En 1203, Arthur, qui était également l'héritier de tout l'empire Plantagenêt, fut assassiné par son oncle Jean sans Terre. Le pouvoir ducal revint à Alix, demi-sœur d'Arthur, que Philippe Auguste maria à un prince capétien, Pierre de Dreux, dit Pierre Mauclerc, dont les armes étaient les fameuses hermines qui allaient devenir l'emblème de la Bretagne. Une nouvelle dynastie était née, qui maintint le duché dans sa pleine indépendance et lui donna son aspect d'État moderne.

Après une période de paix et de prospérité, les troubles recommencèrent en 1341. Le duc Jean III n'ayant pas d'héritier mâle direct, son demi-frère Jean de Montfort et sa nièce Jeanne de Penthièvre, mariée au prince capétien Charles de Blois, prétendirent tous deux à sa succession. Ce qui compliquait la situation, au moment où la guerre de Cent Ans battait son plein, c'est que le roi d'Angleterre soutenait Jean de Montfort tandis que le roi de France soutenait Jeanne de Penthièvre. Ainsi éclata la guerre de succession, pendant laquelle les Bretons se déchirèrent mutuellement avec la complicité intéressée des Anglais et des Français. Jean de Montfort mourut en 1345, mais sa femme, Jeanne de Flandre, continua la lutte au nom de son fils Jean. Il y eut des défaites et des victoires de chaque côté. En 1351 eut lieu le célèbre combat des Trente, entre Josselin et Ploërmel, et en 1362 une tentative de partage de la Bretagne échoua. En 1364, l'armée de Charles de Blois, dont l'un des chefs était Bertrand du Guesclin, ancien chef de bande breton au service du roi de France, fut battue, près d'Auray, par l'armée de Jean de Montfort, dont l'un des commandants était le futur connétable de France Olivier de Clisson. Charles de Blois mourut dans la bataille. Au traité de Guérande, en 1365, Jean IV de Montfort devint officiellement duc de Bretagne.

Pendant la plus grande partie du XVe siècle, la Bretagne demeura en dehors des guerres et des querelles. Le duché devint riche et prospère, surtout sous le règne de Jean V. Mais les convoitises du roi de France devenaient plus précises. Le duc François II repoussa trois attaques de Louis XI, mais il fut vaincu en 1488 à Saint-Aubin-du-Cormier. Il dut signer le traité du Verger et abandonner certains de ses privilèges, et surtout accepter que ses filles ne pussent se marier qu'avec le consentement du roi de France. Car François II n'avait eu que des filles, et c'est l'aînée, Anne, qui lui succéda quelques semaines plus tard.

En 1490, Anne de Bretagne épousa par procuration Maximilien d'Autriche, héritier de la couronne impériale, ce qui ne fut pas du goût de Charles VIII, le roi de France. Il organisa une expédition contre la Bretagne, et Anne, trahie par certains de ses vassaux, sans ressources et son duché envahi, dut se résigner à épouser Charles VIII. Mais la Bretagne demeurait sa possession personnelle.

A la mort de Charles VIII, en 1498, étant donné que ce dernier n'avait pas d'héritier direct, Anne reprit tous ses droits et le duché redevint complètement indépendant. Cependant, cela ne pouvait durer. Le nouveau roi, Louis XII, qui était son cousin et qui avait été l'allié de son père à Saint-Aubin-du-Cormier, l'obligea à l'épouser. Anne posa ses conditions : le duché devait revenir au deuxième enfant du couple. Ainsi était sauvegardé le principe de l'indépendance bretonne vis-à-vis de la couronne française. Mais Anne n'eut que des filles et mourut assez jeune. François Ier s'arrangea pour que les états de Bretagne demandent eux-mêmes l'union de la Bretagne à la France. Ce fut fait en 1532. Par deux édits (celui de Nantes et celui de Plessis-Macé), François acceptait cette union entre les deux couronnes et garantissait aux Bretons tous leurs privilèges et toutes leurs coutumes particulières. La Bretagne était légalement devenue française.

Au cours du XVIe siècle, le duché continua

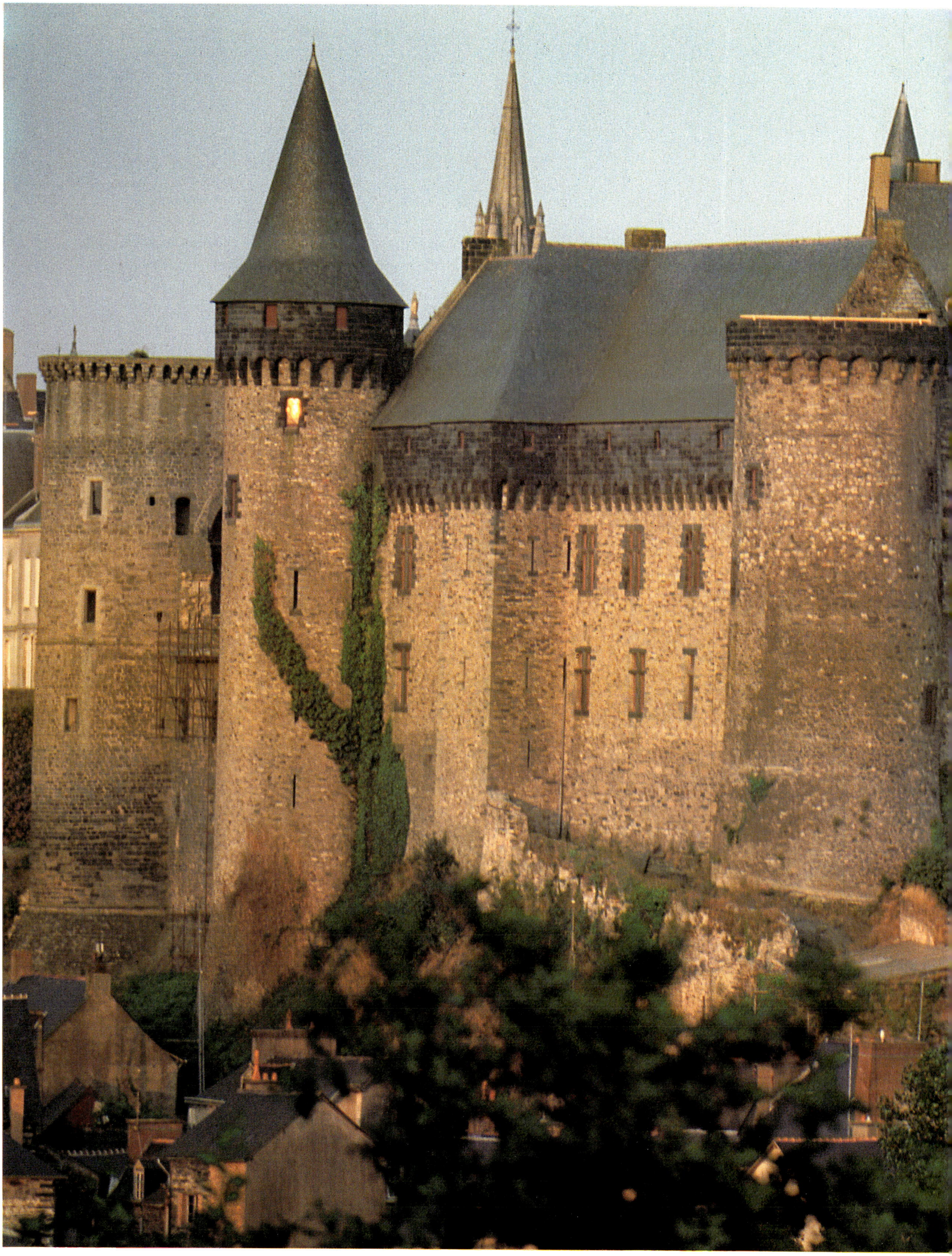

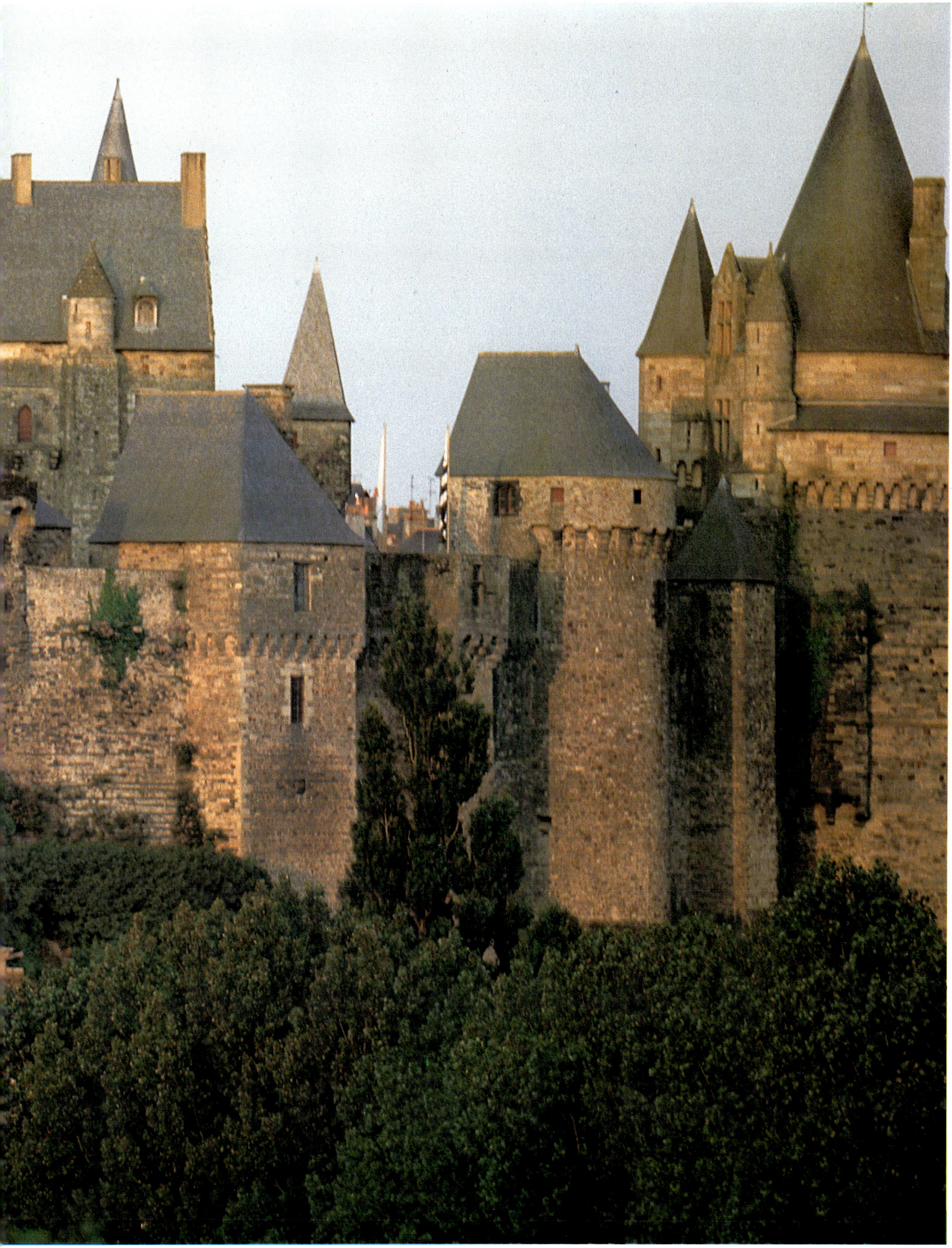

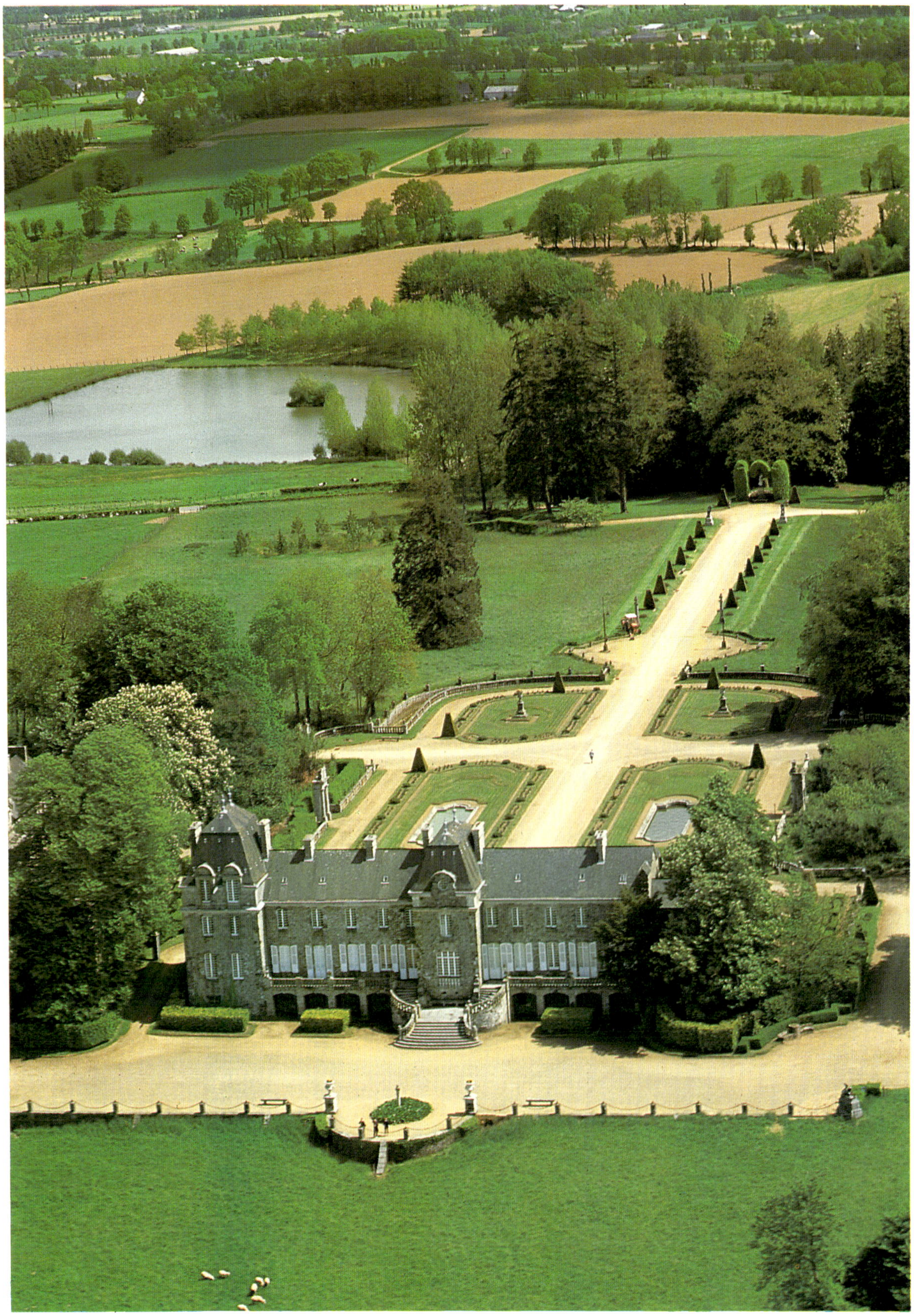

106. Le château de Lanrigan (xve s.) avec sa tourelle à pans coupés et son élégante façade Renaissance.

106. The château of Lanrigan (XV century) with its tower at irregular angles and its elegant Renaissance facade.

◀ 105. Le château de Caradeuc, ancienne demeure du procureur général La Chalotais, situé à proximité de Bécherel, possède un parc à la française.

◀ 105. The Caradeuc château, former home of the prosecutor La Chalotais, situated near Bécherel, possesses a French-style garden.

sur sa lancée et accrut sa richesse agricole et commerciale. Tout le territoire fut parsemé de monuments civils et religieux. Mais les troubles des guerres de Religion, et surtout l'épisode mouvementé de la Ligue, avec le duc de Mercœur, contribuèrent à dévaster et à affaiblir le pays. Sous le règne de Louis XIV, en 1675, comme conséquence de la politique centraliste de Colbert, eut lieu la fameuse révolte du « Papier timbré » dite « révolte des Bonnets rouges ». La répression du pouvoir fut implacable, et la Bretagne sortit de ce cauchemar presque ruinée. Sous la Régence, en 1720, la tentative du marquis de Pontcalleck pour faire de la Bretagne une sorte de république aristocratique fut un échec cuisant. Au début de la Révolution, les Bretons espérèrent que la situation allait s'améliorer, mais ils durent déchanter sous la poussée du centralisme jacobin et la répression religieuse qui les touchait au plus haut point. La chouannerie fut particulièrement active dans le Vannetais. En 1795, les émigrés qui avaient débarqué à Quiberon se firent encercler par les troupes de Hoche et furent massacrés au Champ des Martyrs, près d'Auray. Pendant le Consulat, le flambeau de la révolte fut entretenu par Georges Cadoudal dont la figure demeure légendaire. Sous l'Empire, la conscription obligatoire provoqua de nombreuses réactions, mais la Bretagne entrait lentement dans le système français : elle n'était plus qu'un ensemble de cinq départements soumis au pouvoir central. Désormais, l'histoire de la Bretagne se confond entièrement avec celle de la France, avec toutes ses grandeurs et ses vicissitudes, ses périodes de triomphe, ses périodes sombres, ses ruines accumulées par le temps et les guerres, et son espoir de trouver une place digne de son Histoire dans cette Europe qui se fait lentement à travers les vieux antagonismes que l'on s'efforce d'oublier.

Cette Histoire tourmentée, la Bretagne en porte les marques dans son sol, dans ses plaines, dans ses vallées, sur le sommet de ce que les Bretons appellent des montagnes et qui ne sont que des collines, sur les rivages rocheux ou laguneux, dans ses villes et dans ses ports. La Bretagne est multiple, mais elle est aussi unique, avec ses pays bien tranchés, bien spécifiques, où les ombres du passé continuent à rôder parmi les manifestations les plus surprenantes de la civilisation industrielle.

C'est d'abord le pays de Rennes. C'est la partie la plus orientale de l'ancien duché de Bretagne, un vaste bassin drainé par la Vilaine, ce fleuve dont le nom provient peut-être d'un mot gaulois qui signifie « jaune ». La Vilaine, qui pénètre en Bretagne sous l'aspect d'une petite rivière, parvient à Redon sous les allures d'un fleuve, assagi il est vrai par les travaux de canalisation qui ont été opérés depuis Rennes. Tout autour de la Vilaine se multiplient de petites vallées recouvertes d'un paysage bocager propice à la culture du pommier et à l'élevage des bovins. C'est là que se trouvent peut-être les entreprises agricoles les plus florissantes pour ce qui est de l'industrie laitière. Mais ce n'est pas un sol pour la pomme de terre. Le point central de ce pays, c'est la ville de Rennes, au confluent de la Vilaine et de l'Ille, et dont l'ancien nom gaulois de *Condate* rend bien compte de la situation, puisqu'il signifie « confluent ». Rennes est une capitale récente pour la Bretagne, mais elle est maintenant incontestée : c'est le centre administratif de la région officiellement appelée « Bretagne ». C'est la capitale religieuse où réside le primat de Bretagne. C'est le siège d'une importante université.

Des efforts considérables ont été accomplis à Rennes, à l'occasion d'un contrat entre la ville et l'université, pour moderniser les bâtiments universitaires, améliorer les conditions d'enseignement et, d'une façon générale, l'intégration des étudiants dans la vie urbaine. Rennes est aussi une agglomération en pleine mutation. La vieille cité a largement débordé de son cadre restreint. La vieille ville ne constitue plus qu'un noyau au centre d'une véritable métropole dont l'expansion est encore accrue par l'arrivée du TGV Atlantique

107. Dans la forêt de Fougères. Le Cordon des druides.
107. In the Fougères forest. The Druids Ribbon.

108. Antrain. Le château de Bonne-Fontaine (xvie s.).

108. Antrain. The château of Bonne-Fontaine (XVI century).

Pâturages aux environs de Saint-Ganton. 109 ▶

Pastures near Saint-Ganton. 109 ▶

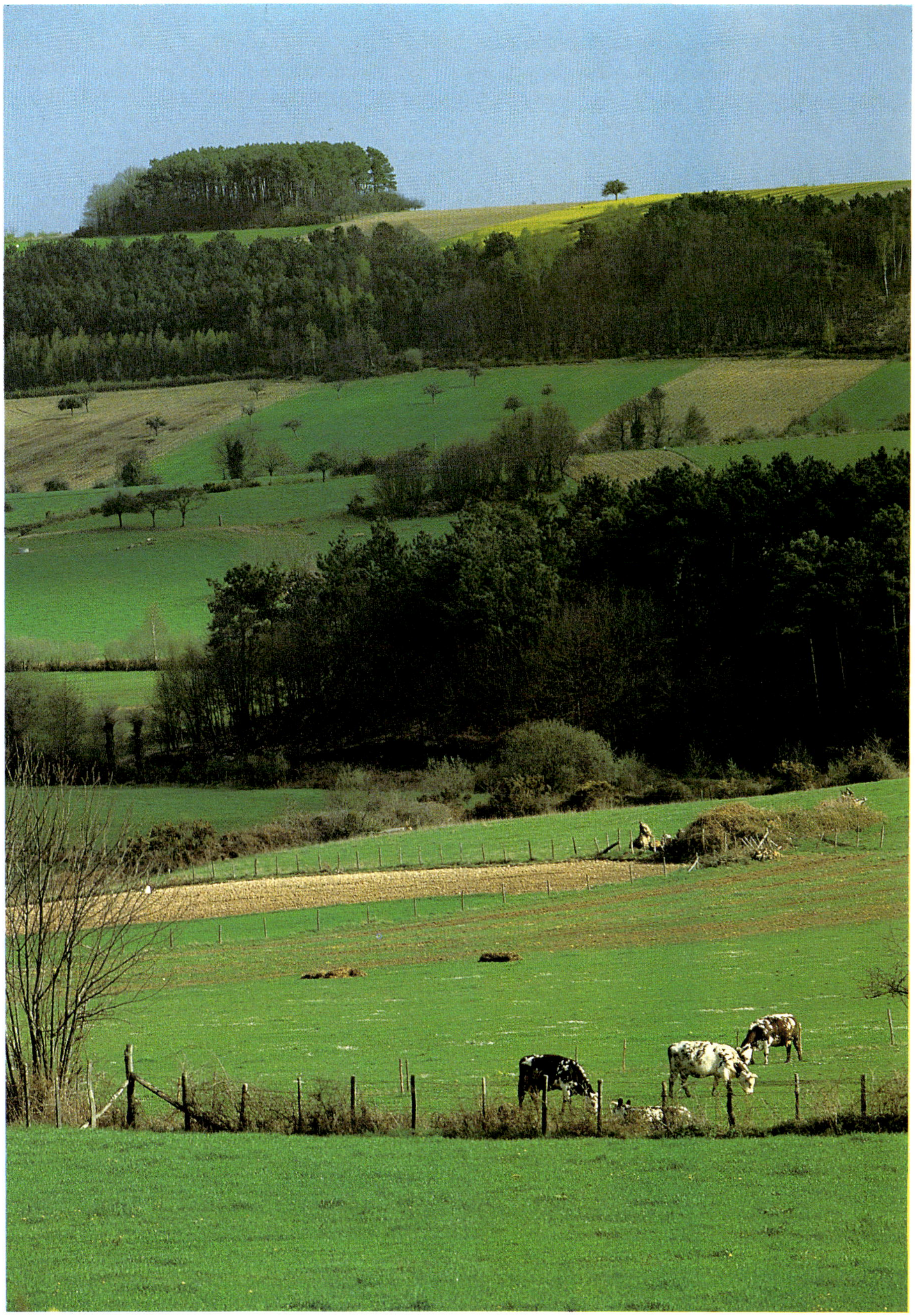

qui met Rennes à deux heures de Paris. Capitale de l'électronique de pointe, siège d'une École supérieure d'électronique, point de chute de la décentralisation administrative, Rennes voit également (en réalité dans la commune suburbaine de Saint-Jacques-de-la-Lande) l'extension de son aéroport et la concentration de la production de voitures Citroën, concentration la plus importante pour cette firme dans l'Hexagone. Mais ces industries implantées à Rennes ne sont pas polluantes. On n'y fabrique pas les pièces détachées, on les assemble. Cela donne un caractère particulier à l'essor économique de Rennes, cet essor se doublant d'une infrastructure culturelle, avec une Maison de la culture particulièrement active et une implantation très forte des groupes de musique « rock ». Rennes qui, il y a quelques années, était une ville de moyenne bourgeoisie et de « noblesse de robe », devient une capitale jeune parfaitement intégrée à l'Europe de demain.

Autour de Rennes, gravitent les bourgs provinciaux de Fougères, ancienne capitale de l'industrie de la chaussure, Vitré, l'ancien pays des drapiers, Redon, autrefois centre intellectuel et religieux de la Bretagne du XIe siècle, ville marginale qui était rattachée à Vannes avant la Révolution.

Au nord et au sud de ce pays de Rennes, le granit semble encercler ces terres de pâturages. Mais au centre, c'est le schiste, de couleur rouge ou violette, friable mais résistant, et qui donne aux maisons de ce terroir un aspect étrange que les voyageurs ont souvent remarqué. Les villages, enfouis dans la verdure, ne manquent pas de charme. Et si le remembrement des terres a quelque peu rasé l'horizon, l'atmosphère de ce pays de Rennes n'en demeure pas moins secrète et discrète : la vie de cette Bretagne intérieure s'écoule lentement dans les vallées et sur le flanc des collines, à l'ombre des débris de forêts, comme si, là encore, battait le cœur profond de la vieille Armorique.

Le pays de Nantes, lui, est vraiment ce qu'on a appelé les « marches de Bretagne ». C'est un pays controversé, il va sans dire, et qui, actuellement, ne fait pas partie de la région officielle de Bretagne : la Loire-Atlantique est en effet rattachée aux pays de Loire, et depuis fort longtemps, au point de vue religieux, l'évêque de Nantes relève de l'archevêque de Tours. Certes, le pays de Nantes est le prolongement naturel de la vallée de la Loire, mais historiquement, depuis le Xe siècle, il fait partie intégrante de la Bretagne. Si Nantes est une ville complexe, un grand port pour tout dire, avec ce que cela comporte de particularismes, elle a été néanmoins, pendant toute la fin du Moyen Age, la capitale du duché de Bretagne. C'est à Nantes qu'est enterré le dernier duc, François II, et le cœur d'Anne de Bretagne y est pieusement conservé. C'est aussi à Nantes qu'a été fondée, au XVe siècle, la première université bretonne, depuis lors transférée à Rennes.

Autour de Nantes, grand port et cité industrielle, se développe l'activité économique la plus importante de ce qu'on nomme le « grand Ouest ». Elle a été encouragée par l'arrivée des produits d'outre-mer. Que de raffineries de sucre en aval de Nantes ! Et actuellement, l'estuaire de la Loire est le lieu privilégié de la métallurgie, de la construction navale et du traitement du pétrole brut.

Cependant, le pays de Nantes n'a pas renoncé à sa vocation agricole : le long de l'Erdre, affluent de la Loire, et depuis Châteaubriant, les plaines supportent de nombreuses cultures, et les maraîchers sont établis le long de la Loire, d'Ancenis à Nantes. Sur la rive gauche du fleuve, c'est le pays de la vigne : sur les coteaux ensoleillés de Vallet, aux limites de l'Anjou, le raisin prospère pour donner le muscadet, le gros plant et le vin rouge de cépage Gamay qui commence à se développer. Entre les vignes, les pâturages se succèdent jusqu'à la mer, en ce pays de Retz, si particulier, historiquement breton mais d'allure vendéenne, avec ses maisons recouvertes de tuiles romanes. Et là, la mer est présente, avec ses côtes rocheuses, ses plages de sable fin, ses villages abrités où, l'été, se pressent, en famille, des vacanciers aux revenus modestes. Participant à la fois de la terre, de la mer et du fleuve, pays composite aux multiples ressources, marches méridionales de la Bretagne sur lesquelles veillent les antiques forteresses de Châteaubriant, d'Ancenis et de Clisson, paradis du vin en une région apparemment peu propice à la viticulture, le pays de Nantes est le lien indispensable entre la Bretagne et la France du Sud et du Sud-Ouest.

Mais il y a aussi les marches du Nord. Entre le Couesnon, rivière capricieuse qui sert en partie de limite avec la Normandie, voici une terre qui marie harmonieusement la lande, le bocage, les cultures de primeurs et enfin les sites tourmentés et grandioses d'un rivage rocheux parmi les plus beaux de la Bretagne. Pays de contraste et de synthèse, où les gens de la mer côtoient les gens de la terre, pays agricole où le grand commerce maritime et le tourisme grignotent chaque jour le sol arable, c'est aussi une région historique : si l'on n'y parle plus la langue bretonne depuis le XIIe siècle, il ne faut cependant pas oublier que la présence des Bretons immigrés y fut très forte et qu'ils ont laissé des empreintes dans la toponymie. Les deux évêchés, Dol et Saint-Malo, ont joué un rôle considérable dans la vie religieuse et la vie politique de la Bretagne. L'ombre de Chateaubriand rôde toujours à l'ombre des tours de Combourg et sur le paysage mélancolique de l'intérieur. Et sa tombe, orgueilleuse et solitaire, se dresse, face au large, devant le port et les remparts de Saint-Malo, sur l'îlot du Grand Bé, comme un défi à l'espace et au temps.

Ailleurs, les prairies succèdent aux champs de choux-fleurs. Les petits bois garnissent le sommet des collines, et l'étrange marais de Dol, véritable *polder*, s'étend mélancoliquement sous cette butte du Mont-Dol qui ne peut qu'exciter l'imagination. Le beau granit et l'ardoise fine dont sont faites les maisons donnent à ce pays de Dol et de Saint-Malo un caractère grave et noble. Et la Rance, très large en son estuaire rocheux, barrée par la digue de l'usine marémotrice, constitue un plan d'eau merveilleux à l'intérieur d'une terre qui s'entrouvre aux souffles du grand large. Car c'est un pays étrange, profond et « introverti », qui est pourtant tourné vers la mer...

Toujours au nord, le territoire qui s'étend entre la Rance et le Trieux est assez composite du point de vue historique : l'ancien apanage de Penthièvre, dont la capitale était Lamballe, en forme le centre. Mais il y a une grande unité aussi bien dans le paysage intérieur, très bocager et très montagneux, que dans la façade maritime marquée par de profonds estuaires et par des promontoires impressionnants.

L'aspect de l'intérieur est incontestablement montagneux. On s'en aperçoit à Moncontour où la ville ancienne est bâtie sur un roc. Dans le Méné, dont le nom signifie « montagne », le signal de Bel Air, sommet battu des vents, domine les immensités du rivage de la Manche. Ces landes du Méné sont demeurées très sauvages, très à l'écart, avec un sol pauvre et des villages perdus. C'est presque un autre monde...

Les souvenirs historiques sont fort nombreux dans cette région. Dinan retentit encore du choc des batailles de la guerre de Cent Ans. Le château domine la Rance et se dresse comme un défi devant le reste de la Bretagne. Non loin de là, les ruines antiques de Corseul nous rappellent que c'est en cet endroit que se trouvait la capitale du peuple gaulois des Coriosolites. Quant au port et à la station balnéaire d'Erquy, c'était probablement la *Reginea* des Gallo-Romains, important poste stratégique. Plus récemment, le fort de la Latte reste un modèle de l'architecture militaire du Moyen Age : sa masse fantastique se dresse, face à la mer, sur un éperon rocheux, non loin du célèbre cap Fréhel, promontoire de granit où fleurissent abondamment les ajoncs dans une solitude grandiose. Et n'oublions pas les débris de forêts bretonnes : les massifs de Boquen, de Lorge et de Merdrignac nous rappellent que le centre de la Bretagne était autrefois impénétrable, tant les forêts y étaient denses et mystérieuses.

C'est ici la mystérieuse *Brocéliande.* Le pays du Porhoët, partagé entre l'Ille-et-Vilaine, les Côtes-d'Armor et le Morbihan, au centre même de la Bretagne intérieure, rassemble les vestiges de cette forêt merveilleuse. Le nom de *Porhoët* provient d'ailleurs de *Poutrecoed,* ce qui veut dire « à travers la forêt ». Tout rappelle ici les temps obscurs où l'on n'osait à peine s'aventurer à travers la péninsule armoricaine, tant l'obstacle de cette forêt et les dangers, réels ou mythiques, qu'elle recelait étaient grands. Les massifs actuels de Paimpont, de Lanouée, et les grandes landes de Coëtquidan, donnent encore une vague idée de ce que pouvait être ce *gaste pays,* expression médiévale des *Romans de la Table ronde* qui signifie « pays désolé » ou bien « pays déserté ». La forêt de Paimpont et ses alentours sont caractéristiques. Au nord-est de la forêt, un dolmen ruiné est dit « Tombeau de Merlin » : c'est là que la fée Viviane a enfermé le vieil enchanteur, et l'on sait bien que, certains soirs, on entend le *brai* de Merlin dans les feuillages, lorsqu'il prophétise la destinée du peuple breton. Au château de Camper, sous l'étang qui s'éparpille devant le manoir, on peut encore discerner la forteresse de verre et de cristal où Viviane, la Dame du Lac, a élevé le jeune Lancelot du Lac. Au nord-ouest, dans une clairière étrange – et sacrée –, la fontaine de Barenton, ancien sanctuaire dédié au dieu gaulois Bélénos, fait murmurer son eau qui « bout bien qu'elle soit plus froide que le marbre », comme le dit le poète Chrétien de Troyes au XIIe siècle. C'est là que se rencontrent toutes les légendes de cette forêt magique, que convergent tous les mythes celtiques de l'« autre monde ». Au sud-ouest, c'est le Val sans Retour, où Morgane, la fée, sœur du roi Arthur, enfermait les chevaliers qui n'étaient pas fidèles à leur dame. Et ils étaient fort nombreux, paraît-il. Et au travers de la forêt, de grandes landes s'ouvrent sur le ciel, livrant parfois quelque mégalithe, dont le très exceptionnel et très étrange « Jardin des moines », enclos de pierres dont on ignore la destination et la signification. Nous sommes ici dans un pays pauvre où domine un schiste rouge qui prend, par suite des intempéries, une couleur violette tout à fait caractéristique. Les landes sont nombreuses, et si elles ont été plantées de résineux depuis un siècle, ce qui n'est pas forcément un bienfait puisque cela multiplie les risques d'incendie, elles ont cependant gardé leur caractère farouche et grandiose, au milieu des vents qui semblent se donner rendez-vous dans ces terres qui sont nécessairement *ailleurs*, dans ces régions où l'on ne sait plus très bien où l'on est, dans le pays des vivants ou dans le pays des dieux et des Anciens...

Le pays demeure fort peu peuplé, comme s'il était en dormition. Le bourg de Mauron tente de survivre. La ville de Ploërmel, autrefois l'une des capitales de la Bretagne, n'est plus qu'un gros bourg déchu qui tente d'implanter des industries nouvelles. A Josselin, seuls comptent la magnifique basilique Notre-Dame-du-Roncier, lieu de pèlerinage très fréquenté, et le château des Rohan, cette illustre et très ancienne famille qui a joué un grand rôle dans l'histoire de la Bretagne et de l'Europe. L'Oust, cette rivière savamment canalisée, s'écoule lentement à travers les bocages. Vers Mohon, une étrange enceinte des « Temps obscurs », c'est-à-dire de la primitive époque bretonne (VIe et VIIe s.), qu'on appelle le Camps des Rouets, ou le « Camp des Rois », évoque le passé lointain et mystérieux de ces émigrants venu de l'Ile de Bretagne et qui ont fondé le royaume de (Petite-)Bretagne. C'est là, Brocéliande. C'est la terre des enchantements. Et tel est l'envoûtement que suscite la Brocéliande légendaire, et ô combien réel ! que c'est là que convergent, comme dans un cristal, tous les rêves d'un monde en proie

*110. Le château de Combourg (XIVᵉ, XVᵉ s.) et son étang.
François René de Chateaubriand a consacré des pages célèbres à ces lieux.*

*110. The château of Combourg (XIV, XV centuries) and its pond.
François René de Chateaubriand devoted famous pages to this place.*

à l'angoisse et qui veut se régénérer aux sources pures de la lumière intérieure...

Bien différent est le pays de Guérande, au nord-ouest du département de la Loire-Atlantique. C'est une sorte d'enclave inclassable, une presqu'île entre la Vilaine et la Loire, fermée à l'est par la masse marécageuse de la Grande Brière. Les alentours de Guérande sont le « Pays blanc » (c'est le sens du nom breton de Guérande, *Gwenrann*), fort justement nommé, puisque c'est la région par excellence des marais salants et où l'on récolte le sel le plus réputé de toute l'Europe. Guérande est une ville close, entourée de remparts, signe de sa grandeur passée. Pourtant, la station balnéaire de La Baule est là, tout près. Quel pays de contraste ! Le pays de Guérande a parlé la langue bretonne jusqu'au XIXe siècle, mais c'est à Saint-Nazaire que les progrès industriels ont été les plus remarquables jusqu'à ces dernières années, et c'est également là que les luttes ouvrières ont été les plus audacieuses. Or les ouvriers des Chantiers de l'Atlantique sont généralement des résidents de la Grande Brière, et, à ce titre, en vertu d'un ancien privilège, ils sont les propriétaires indivis de tout le marais. En ce pays étrange, la nature et l'homme semblent avoir fait un pacte : c'est l'alliance merveilleuse entre l'activité humaine la plus révolutionnaire et la lente maturation des êtres et des choses.

Toujours vers le sud, entre la Vilaine et l'Oust, d'une part, et la Laïta et l'Ellé d'autre part, le pays vannetais s'étend le long des landes de Lanvaux, ultime vestige de la chaîne hercynienne qui a modelé la Bretagne. Les rivières coulent parallèlement à la mer avant de s'infléchir vers le sud en larges estuaires comme ceux du Loc, ou rivière d'Auray, de la rivière d'Étel, du Scorff et du Blavet.

C'est un pays de landes et de vallées propices aux pâturages, avec de vastes ensembles forestiers qui sont des débris de l'antique Brocéliande. La mer pénètre très loin dans les terres : ainsi se constituent de véritables mers intérieures comme le golfe du Morbihan et l'étrange rivière d'Étel. C'est le paradis des promontoires isolés et des petites îles. En revanche, la terre s'avance parfois fort loin en mer, comme la presqu'île de Quiberon, prolongée par Belle-Ile, Houat et Hœdic. Et l'île de Groix semble veiller sur l'embouchure du Blavet. C'est encore un pays de contraste : à la vieille ville de Vannes, centre administratif et religieux, s'oppose la nouvelle ville de Lorient, l'un des plus grands ports de France, et à l'aspect agricole de l'intérieur, surtout dans la région de Pontivy, s'oppose l'activité maritime de la côte.

La Cornouaille prolonge le Vannetais. Nous sommes ici aux extrémités de la vieille Europe. C'est vraiment le Finistère, la « fin de la terre ». La pointe du Raz s'enfonce loin dans la mer parmi les courants les plus dangereux du monde, au milieu des vagues d'où surgit l'étonnante île de Sein. Bien sûr, la calme baie de Douarnenez contraste avec cette violence, comme les grands estuaires du sud, autour de Bénodet ou de Concarneau. Mais la Cornouaille n'est pas qu'un pays de la mer : elle remonte loin à l'intérieur, jusqu'à Mur-de-Bretagne, entremêlant les paysages les plus divers, ceux des vallées de l'Odet ou de l'Aulne, ceux des monts d'Arrée désolés, ceux de la forêt de Huelgoat, ou comme les plateaux qui entourent Carhaix. La Cornouaille est probablement le pays le plus varié de toute la Bretagne, le plus déroutant aussi parce que le plus secret, le moins saisissable dans son ensemble, et qui a su garder intactes de nombreuses traditions ancestrales.

Au nord du Finistère, le Léon est également un « bout du monde ». Au large de Porspoder, le phare du Four constitue la limite théorique entre l'Atlantique et la Manche. Plus loin, vers l'ouest, se dressent l'île de Molène et la masse imposante de l'île d'Ouessant, l'antique *Uxisma*, de l'autre côté de ce grand courant qu'est le *Fromveur* (dont le nom signifie précisément « grand courant »). Et c'est pourtant un des endroits du globe où la navigation est la plus dense, et où malheureusement les risques de pollution sont les plus nombreux. Les Léonards le savent bien, eux qui ont été trop souvent victimes des « marées noires ».

Mais le Léon est riche. Ce socle de granit découpé par la mer en magnifiques *abers* produit en abondance des artichauts et des choux-fleurs, et ses ressources sont complétées par celles de la mer, grâce à la pêche et au ramassage des algues. Ce n'est pas pour rien que la côte du Léon a été nommée la « côte des Goémoniers ». Le port de Brest est l'un des plus actifs qui soient. Et, à l'intérieur, les richesses architecturales sont innombrables : c'est le pays des calvaires et des « enclos paroissiaux » : les noms de Saint-Thégonnec, de Guimiliau, de Lampaul-Guimiliau et du Folgoët chantent dans toutes les mémoires.

Plus à l'est, entre la rivière de Morlaix et le Trieux, c'est encore un socle granitique fortement découpé, avec des estuaires profonds, des récifs nombreux et des vallées verdoyantes : voici le Trégor, autour des vieilles villes de Tréguier, de Lannion et de Guingamp. La tradition et la modernité font bon ménage : près du menhir christianisé de Saint-Duzec, on voit se dresser le « radôme » de Pleumeur-Bodou. Et l'on raconte que le roi Arthur a son tombeau non loin de là, dans la petite île d'Aval, dont le nom signifie « pomme » et qui serait la fabuleuse Avalon des légendes. Mais peut-être, après tout, que cette île féerique est celle de Bréhat, au large de Paimpol, avec son climat exceptionnel, son éternel printemps ? On ne sait plus. Cette région du Trégor est bien mystérieuse, et les vents qui soufflent sur le Ménéz-Bré rapportent d'étranges histoires à ceux qui veulent bien les écouter...

La Bretagne est multiple. Mais elle est toujours unique, comme si l'âme bretonne aimait à se perdre dans la nature et à prendre les formes les plus étranges pour dérouter ceux qui décident un jour d'accomplir leur quête du Graal à travers la vieille Armorique.

La Bretagne est une terre. Mais le nom d'Armorique qu'elle a longtemps porté nous rappelle que c'est une terre *tournée vers la mer.* C'est une péninsule, une presqu'île, où nul endroit n'est éloigné de la mer à plus de cent kilomètres. L'air qu'on y respire est chargé de tous les effluves du grand large. La mer s'infiltre dans les terres, et les terres se prolongent dans la mer. Autrefois, les Celtes avaient peur de la mer. Aujourd'hui, les Bretons en ont toujours peur. Ils disent *ar mor*, au masculin : car la mer, en réalité, pour eux, c'est le vieil océan dont parlait Lautréamont, cet océan cruel et violent contre lequel il faut constamment lutter pour assurer sa survie. On dit que les Bretons sont têtus. Il faut l'être pour s'opposer à la violence des flots. Il faut l'être pour imposer au monde l'image d'un pays tourmenté et seulement riche de son âme. Des blocs de granit ? Des rangées de schistes rouges ? Des landes désolées ? Des estuaires où murmurent les flots ? Des promontoires où mugissent les tempêtes ? Des villes où il fait bon dormir à l'abri du vent ? Des collines dénudées qui sont des montagnes ? Des calvaires qui sont d'étranges œuvres d'art défiant le temps ? Des chapelles qui sont des cathédrales ? Des menhirs qui griffent le ciel sous des nuages bas et lourds ? Des forêts éclatantes de lumière sous le soleil violent de l'été ? L'enchanteur Merlin qui dort dans un château d'air, gardé par la fée Viviane ? Le saint Graal quelque part dans un manoir perdu dans la forêt de Brocéliande ? La ville d'Is qui resurgira un jour du dessous des flots tourmentés de la baie des Trépassés ? La mer, la mer, toujours recommencée ?

La Bretagne, c'est tout cela.
Et bien autre chose encore...

Jean MARKALE

BRETAGNE
© 2000 by Éditions Hermé
World rights reserved
ISBN 2 8666 5333 5
ISSN 1289-7787